•FONTANA•

FEDERICO GARCÍA LORCA

YERMA
y DOÑA ROSITA LA SOLTERA

PRÓLOGO Y PRESENTACIÓN:
FRANCESC LL. CARDONA,
Doctor en Historia y Catedrático

YERMA y DOÑA ROSITA LA SOLTERA,
Federico García Lorca

Prólogo / Presentación: Francesc Lluis Cardona
Diseño gráfico / Ilustración portada: Daniel Jurado

Edita: Olmak Trade S.L.
C/ Roca Plana 1
08110 - Montcada i Reixac
Barcelona (España)

www.olmaktrade.com
info@olmaktrade.com

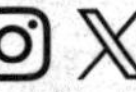
@O_BookTrade
#ClásicosFontana

Impreso en España / Printed in Spain

I.S.B.N: 978-84-10109-47-6
Depósito Legal: B 10079-2024

Estudio preliminar

EL AUTOR Y SU MUNDO

Nació el 5 de junio de 1898 (aunque algunos trasladan la fecha a 1900) en Fuente Vaqueros (Granada), pequeño pueblo emplazado en la parte central de su espléndida Vega. Su padre era un rico hacendado y su madre una maestra que casó en segundas nupcias al enviudar aquél sin hijos.

1898 es un año fatídico para España en el que se iniciará la pérdida final de su gran imperio al otro lado del Atlántico. Granada se llenará también de tristeza con el suicidio de uno de sus hijos, el escritor Angel Ganivet, muy lejos de su patria.

Tanto la familia paterna como la materna y sus ancestros gustaban de la lectura y la música, así como del teatro, aficiones que heredaría Federico, también cultivaría el dibujo.

Su padre con su familia se trasladaría a vivir entre 1906 o 1907 a una de sus fincas de Pinos Puente que tenía el malsonante nombre de la Asquerosa (que al parecer derivaba de *acuerosa*, con mucha agua, y que en 1943 lo cambiaría por Valderrubio) y a comienzos de 1909 se afincarían en la capital de Granada, acompañados de las excelentes perspectivas del milagro azucarero y allí estudió el bachillerato e inició los estudios universitarios de Derecho y Filosofía y Letras y los continuó en Madrid desde 1919, aunque los segundos, no los terminaría.

Rafael Alberti, un andaluz universal como lo sería Federico, nos ha dejado un retrato de éste a su paso por la famosa Residencia de Estudiantes, hija espiritual de la Institución Libre de Enseñanza, fundada por Giner de los Ríos:

> "Era García Lorca entonces un muchacho delgado, de frente ancha y larga, sobre la que temblaba a veces, índice de su exaltada pasión y lirismo, un intenso mechón de pelo negro, "empavonado" como el de Antonio Camborio de su *Romancero*. Tenía la piel morena, rebajada por un "verde aceituna"...

Por aquel entonces había salido a la luz en Granada su primer libro *Impresiones y paisajes* mientras vegetaba en la Universidad, en donde muestra en una prosa poética y de ambición retórica, su fuerte personalidad e intensa sensibilidad, todavía romántico y modernista, captando magistralmente las sensaciones granadinas, evocando en este libro primero, muchos de los motivos que después madurarían en sus libros posteriores.

En la primavera y verano de 1919, Lorca trabó amistad con Gregorio Martínez Sierra y en otoño lo hizo con el gaditano Manuel de Falla que sería fundamental para su producción. Tras el fracaso del estreno de *El maleficio de la mariposa* en Madrid, se dedicó a sacar una carrera como pudo en la Universidad madrileña. En 1920 comenzó su amistad con el cineasta Luis Buñuel.

En 1921 y 1922 aparecieron sus primeras obras líricas: *Libro de poemas* y *Primeras Canciones*, también iniciaba la composición de una obra de títeres intentando resucitar la tradición prácticamente extinguida del *teatro de cachiporra* andaluz mientras al compás de las inacabadas y no publicadas *suites* (no aparecidas hasta 1983) buceaba en una de sus debilidades: el *Cante Jondo*, cuyo primer poemario saldría a la luz en 1921, aunque su forma definitiva es de 1931.

En 1923 conoce a Salvador Dalí y junto con Buñuel se convierten en el grupo más original e inseparable de la Residencia.

Estando con su familia en Málaga, el general Miguel Primo de Rivera proclamó la primera Dictadura que iba a durar siete. Paralelamente Lorca trabajaba para Falla en un *libreto* titulado *Lola la Comedianta* y empieza a documentarse para una obra cuyo protagonista le fascina: *Mariana Pineda*, que terminará en 1925.

Sin embargo, quizás el libro de mayor resonancia de esta época de Lorca es el *Romancero gitano*, compuesto entre 1925 y 1927 y publicado al año siguiente. El romance español no había tenido una popularidad mayor desde Góngora.

Al tiempo que escribía *La zapatera prodigiosa*, en 1925 estuvo en Cadaqués y Barcelona con Salvador Dalí, el otoño anterior había conocido en la Residencia al gaditano del Puerto de Santa María, joven y apuesto poeta, Rafael Alberti. Fue entonces cuando firmó una protesta de los escritores madrileños contra los intentos gubernamentales de limitar el uso de la lengua catalana.

Su cinefilia la expresará en especial en *El paseo de Buster Keaton* que a pesar de ser una composición breve influirá en su estética posterior al igual que creció su fobia por la guardia civil por los métodos expeditivos contra los gitanos.

A partir de 1926 y su culminación con el Tricentenario de su muerte, Lorca profundiza en su admiración por el poeta cordobés Luis de Góngora hasta el punto de verse incluido en el denominado *Grupo del 27* con Pedro Salinas, Jorge Guillén, Gerardo Diego, Rafael Alberti, Dámaso Alonso, Vicente Aleixandre, Luis Cernuda, Emilio Prados, Manuel Altolaguirre... El surrealismo artístico con la publicación del *Manifiesto de André Breton* (1924) había calado hondo y su técnica (aunque no pura) la utilizaría Lorca en su huída a Nueva York (1929-1930) harto ya de la Dictadura, cuando frisaba los treinta y un años. Sus impresiones las plasmará en su inigualable libro *Poeta en Nueva York*. Su incursión a Cuba también será fecunda y enigmática: *El público*; *Oda a Walt Whitman*.

En el verano de 1930, Lorca ha regresado a España y a su querida Granada. Termina en ella *El público* y cree que con la proclamación de la Segunda República amanece una nueva y verdadera primavera para España. Apoya con entusiasmo las extraordinarias reformas educativas y es uno de los principales promotores de llevar a los pueblos a través de un teatro ambulante universitario, La Barraca, las obras de los escritores clásicos. Vuelve a Galicia que había descubierto en 1916 y nunca había olvidado su verde paisaje, sus brumas, sus supersticiones y su música triste que incorpora a su repertorio.

Hasta su trágica muerte en 1936, será el periodo más fecundo de su obra teatral.

Además de la farsa violenta en dos actos *La zapatera prodigiosa* (1930) se halla dentro de su estilo el *Retablillo de don Cristóbal* (1931) y a su teatro de Vanguardia *El público* (1930). Hay que añadir *Así que pasen cinco años* (1931). Sin embargo, su tensión dramática culmina en su *teatro de mujeres* como protagonistas: *Bodas de sangre* (1933), *Yerma* (1934), o su obra cumbre, *La casa de Bernarda Alba* (1936), estremecedor conflicto entre pasión y convenciones sociales.

Su intimidad, sin embargo, se encerrará en su lírica: *Llanto por Ignacio Sánchez Mejías* (1935); *El Diván de Tamarit* (1936) y *Sonetos del amor oscuro* (1935-1936).

Entre 1933 y 1934 visitaría Argentina y Uruguay, siendo recibido con extraordinario fervor. Platicó con frecuencia con Pablo Neruda que había desempeñado diversos cargos diplomáticos a lo largo y ancho del planeta y había sido destinado finalmente a Buenos Aires. Al parecer las relaciones con Jose Luis Borges no fueron tan amistosas.

A su vuelta la represión de la República de Derechos por los hechos de Cataluña y Asturias le deprimieron. En 1935 terminó su elegía por el torero Ignacio Sánchez Mejías, herido de muerte en la plaza de Manzanares y *Doña Rosita la*

Soltera o el lenguaje de las flores en donde exploraba a la vez su propio pasado y el espíritu de la Granada que había inspirado su poesía. Se trataba de una comedia de salón y jardín.

La consagración teatral definitiva de Lorca en España tendrá lugar en 1935 con el triunfo de *Yerma* en el teatro Español de Madrid y el estreno de *Bodas de sangre* en Nueva York en versión inglesa. La actriz que más le encandila para sus obras es la catalana Margarita Xirgu, un auténtico mito del teatro que abandonaría España en 1936, tras las últimas representaciones en Barcelona de *Bodas de sangre* y *Doña Rosita la Soltera*, asfixiada por el gobierno de las derechas.

Precisamente la falta de ayuda estatal y las presiones consiguientes, terminarán con el extraordinario experimento de La Barraca, que en 1935 dejaría de existir.

El triunfo del Frente Popular en las elecciones de febrero de 1936 dio un respiro para Lorca que terminaría y estrenaría su obra inmortal *La casa de Bernarda Alba*.

Poco le duraría el triunfo, porque a mediados de agosto, sería una de las víctimas en Granada de la tragedia de la Guerra Civil, apenas cumplidos los treinta y ocho años.*

No es nuestro propósito profundizar en ello, como tampoco en la homosexualidad del escritor por ser nuestro objetivo solamente literario. Sí es cierto que su tendencia, que respetamos, influyó en su exquisita sensibilidad como escritor.

La extraordinaria personalidad de Lorca presenta una doble fisonomía: de un lado su vitalidad y simpatía arrolladoras; de otro un íntimo malestar, un dolor existencias como escribiera Unamuno. Por ello en su producción, vasta, para su relativamente corta vida, constreñida por las degraciadas circunstancias, al lado de manifestaciones de alegre gracejo andaluz, se ofrece como razón obsesiva central, el tema del destino trágico, la más terrible frustración ante la imposibilidad de realizarse.

* En la carretera de Viznar, cerca de Granada y no lejos de Alfacar.

Su poesía pura de arraigo popular e íntimos anhelos que alcanza la cumbre de la universalidad y del lirismo. Su teatro que llega a alturas, junto con el de Valle Inclán, no alcanzadas desde el Siglo de oro. Sus tragedias no desmerecen junto a las de los eximios clásicos griegos reanudando el sentido auténtico de la misma. Su personalidad será siempre inolvidable como su imperecedera fama literaria contra todos los vientos desfavorables y mareas de la Historia.

"YERMA"

García Lorca debió comenzar a escribir esta obra subtitulada *poema trágico* (en tres actos y seis cuadros) durante su viaje a Argentina en 1933 y terminada en Madrid al año siguiente fue estrenada en el teatro Español de la Capital el 29 de diciembre del mismo 1934 con Margarita Xirgu en el papel de Yerma para quien Lorca escribió la obra. Según él, la obra tiene un tema, un centro de interés, pero carece de argumento.

Yerma constituye la segunda parte de la trilogía rural iniciada con Bodas de sangre y completada con *La casa de Bernarda Alba*.

En ella la tragedia gira en torno a la infecundidad de la protagonista, desolada en su propio vacío fisiológico agravado por el conformismo del marido con quien se ha casado dos años y algo más atrás, y que al parecer tampoco él puede tenerlos.

Juan, el marido le propone la adopción de un sobrino de Yerma, pero ésta rechaza la idea porque lo que más desea es llevar al hijo en sus entrañas y parirlo como cualquier otra mujer decente.

En su exacerbada pasión maternal llega a aborrecer al esposo y a pensar que si se hubiera casado con Víctor, el pastor, los hubiera tenido, pero su arraigado concepto de la honra le impide buscarlos fuera del matrimonio.

Cuando el marido en una romería le confiesa la esterilidad de ambos y éste intenta hacer el amor, sobreviene la tragedia.

Yerma ha acudido a casa de una vieja bruja y curandera, pero en vano. El paso del tiempo acentúa la pérdida de sus esperanzas. Yerma no manifiesta la necesidad de satisfacer un instinto sexual, pero sí la necesidad de asegurar y continuar la vida.

Como toda la trilogía lorquiana Yerma es digna de figurar al lado de grandes tragedias de la Grecia clásica. La introducción de canciones como la *nana* inicial o la canción de las *Lavanderas* muy "lopescas" colaboran como en los coros clásicos a la ilustración plástica de la obra. Lorca fue un gran folklorista que recogió con esmero canciones populares y en especial la *copla*.

De nuevo hay que hablar del concepto exacerbado de Lorca de la honra que enlaza con el Siglo de Oro, aunque con matices.

Yerma es una mujer campesina con una economía respetable que acrecienta gracias a la austeridad y a la codicia del marido. Quizás de soltera no era tan rica, pero jamás fue pobre. Para ella la honra significa una especie de legado familiar y es una cualidad inherente a su persona al socaire de presiones sociales externas.

Si esto no fuera así ya se hubiera buscado otro para colmar un anhelo que su marido no puede satisfacer, si hubiera apelado al suicidio o a la degradación moral, hubiera perdido toda su altitud de miras.

Aquí la actitud de Yerma enfrentándose con su destino, es más bien una heroína de la Grecia clásica, al rechazar el adulterio, no por respeto al matrimonio, ni por imperativo religioso, sino por su firme voluntad, ajena a todas las presiones. Su lucha es titánica, trágica. El desenlace no puede ser otro.

Una sexta parte de la obra está versificada de forma que ayuda al desarrollo de la acción y gracias a ello la protagonista va madurando su carácter desde sus comienzos hasta el trágico final.

En cuanto a los símbolos, el agua significa la virilidad fecundadora, como la lluvia a la tierra. La leche es, lógicamente, símbolo de maternidad a través de los senos femeninos o las ubres de la oveja a la que acompaña la sangre, obsesión de Lorca.

Pero el agua ha de discurrir sin freno en libertad para que alcance el objeto propuesto, mientras que el agua encharcada o encerrada en un pozo sólo producirá esterilidad. Yerma si quisiera podría ser arroyo para arrastrar a sus cuñadas y marido. Mientras la arena es la acompañante de la sequedad que se contrapone a la leche tibia de los senos o los arroyos de las montañas.

Víctor cuando habla parece que salga un chorro de agua de su boca que Yerma quisiera beber con fruición, mientras que de la de su marido sólo sale la sequedad del desierto. Las lavanderas con sus cantos maliciosos ratifican el valor simbólico del agua.

Yerma es la trágica protagonista que llena toda la obra que hace de la maternidad imposible, un valor absoluto y necesario.

A su lado, Juan, el marido, es la víctima sentenciada desde sus comienzos que ahoga su frustración en la codicia a través del trabajo.

Víctor, el anhelo imposible de Yerma, colabora a forjar el recio carácter de la protagonista a prueba de todo y contribuye al ineluctable desenlace.

La amiga de Yerma, maría, es utilizada para recalcar el carácter femenino de aquella, aunque aparecen las primeras dudas sobre su posible maternidad ante su desesperada angustia. Esta se agrava cuando ve a María con un niño en sus brazos.

Finalmente interviene una vieja que ha tenido catorce hijos de dos matrimonios que cree que si no hay amor en un matrimonio es imposible que tenga descendencia. Culpa a Juan de la situación de Yerma, quien le hace pensar que está enamorada de Víctor, pero rechaza finalmente la idea de juntarse con uno de sus hijos que todavía permanece soltero lo que provoca las iras de la vieja que la insulta, pero le hace reflexionar en su esterilidad, condición ratificada por Juan.

El resto de personajes son secundarios.

El lirismo y la preocupación plástica debilitan el profundo conflicto dramático y contrastan con la tensión del diálogo contundente y directo. Los motivos poéticos están representados por situaciones expresadas en verso que dan lugar a las canciones intercaladas, al canto alternante de las lavanderas con su ritmo de *ballet*, por el romance lleno de intención y aire popular, dialogado en la romería nocturna del último acto, recuerdo de una escena de *Divinas palabras* de Valle-Inclán.

El estreno de *Yerma* provocó en El Español un llenazo espectacular, aunque los representantes de las derechas se personaron para sabotear la obra, tachándola de obscena e insultando a la Xirgu y a Lorca. Crítica negativa que se continuó en los diarios de aquella ideología, mientras las izquierdas aplaudieron a rabiar. La suerte de Lorca estaba echada como la de las "Dos Españas" de las que hablaba Antonio Machado.

Por razones de la coyuntura política, *Yerma* no volvió a representarse hasta 1960-61 en el Teatro Eslava de Madrid y con Aurora Bautista como Yerma, pero el éxito más rotundo lo consiguió Nuria Espert diez años más tarde en el madrileño Teatro de la Comedia.

"DOÑA ROSITA LA SOLTERA O EL LENGUAJE DE LAS FLORES"

Desgraciadamente fue la última obra de Lorca que estrenó en vida en el Principal Palacio de Barcelona, la noche del 12 de diciembre de 1935 con la inefable Margarita Xirgu como protagonista y su compañía. Se apartaba del drama de *Bodas de sangre* o *Yerma*, pero en el fondo la historia que narraba y su final, también era dramática, de lo que realmente se separaba es de la tragedia rural que tanta fama y contradicciones le habían suscitado que hubiera continuado de haber vivido con *Los sueños de mi prima Aurelia* (publicación póstuma) y *Las monjas de Granada*.

Doña Rosita es un ejemplo de comedia trágica de salón y jardín, en el ambiente provinciano granadino novencentista. La obra trata de una incumplida promesa de matrimonio. La protagonista consciente de la traición del amado, callaría hasta dejarse morir por no disgustar a sus tíos que la han criado. Se presta a ser interpretada en ballet y el valor de las masas (mujeres "cotillas", amigas de la familia, vecinos, marineros) es grande y da pie al poeta para sus bellos y recortados poemas-canción.

Rosita, ya mayor y sin dinero, cambiará de casa con su tía y la criada... A esperar la muerte.

Las fechas asignadas a los tres actos para significar el paso del tiempo, son relevantes. La protagonista tiene veinte años cuando se inicia la acción en 1890, además es huérfana, entre el primero y segundo acto pasan unos años, entre éste y el tercero diez más.

Rosita, de clase media, no tiene posibilidades de practicar una profesión. Lo único que puede cambiar su *status* es casarse con el hombre que ama, pero éste, que es su primo, que le ha dado promesa de matrimonio, se ha marchado lejos, nada menos que a Argentina (Tucumán) y aunque en principio se escriben ardientes cartas con el tiempo las de él empiezan a escasear hasta la noticia definitiva.

El segundo acto lo sitúa en 1900 (año en que él sitúa la fecha de su nacimiento) y el tercero en 1920 en donde hay una premonición sobre la Primera Guerra Mundial. Las modas y costumbres cambian, así como la apariencia.

Siguiendo la tendencia lorquiana en sus obras, al parecer se inspiró en su argumento de un personaje real, una prima suya llamada Clotilde García que tuvo una relación amorosa con un primo hermano.*

El extraño subtítulo lo toma de los libros entonces en boga sobre el lenguaje también de los sellos, del abanico, de los sueños...

La obra revela de forma sutil la compleja relación entre Lorca y Granada, ciudad inmovilista y provinciana con una burguesía cerrada e intolerante. El escritor creyó que al escribirla descansaría de las tragedias extremas *Bodas de sangre* y *Yerma*.

Su estreno fue un éxito rotundo. La crítica subrayó la capacidad de Lorca para hacer reír y llorar a la vez. En 1965 Antonio Artero (1936-2004) la llevó al cine.

Francesc Lluis Cardona

* Al parecer también incorporó historias de otras varias solteras conocidas de la familia y de algún familiar más. Una tal Maravillas Pareja le inspiraría el poema *Elegía* de 1918.

Yerma

Personajes

Yerma
María
Vieja Pagana
Dolores
Lavandera Primera
Lavandera Segunda
Lavandera Tercera
Lavandera Cuarta
Lavandera Quinta
Lavandera Sexta
Muchacha Primera
Muchacha Segunda
Hembra
Cuñada Primera
Cuñada Segunda
Mujer Primera
Mujer Segunda
Juan
Víctor
Macho
Hombre Primero
Hombre Segundo
Hombre Tercero
Niño

•

Poema trágico en tres actos y seis cuadros

Acto primero

CUADRO PRIMERO

(Al levantarse el telón está Yerma dormida con un tabanque de costura a los pies. La escena tiene una extraña luz de sueño. Un pastor sale de puntillas mirando fijamente a Yerma. Lleva de la mano a un niño vestido de blanco. Suena el reloj. Cuando sale el pastor, la luz se cambia por una alegre luz de mañana de primavera. Yerma se despierta.)

Canto voz dentro: A la nana, nana, nana,
a la nanita le haremos
una chocita en el campo
y en ella nos meteremos.

Yerma: Juan, ¿me oyes? Juan.

Juan: Voy.

Yerma: Ya es la hora.

Juan: ¿Pasaron las yuntas?

Yerma: Ya pasaron.

Juan: Hasta luego. *(Va a salir.)*

Yerma: ¿No tomas un vaso de leche?

Juan: ¿Para qué?

Yerma: Trabajas mucho y no tienes tú cuerpo para resistir los trabajos.

Juan: Cuando los hombres se quedan enjutos se ponen fuertes como el acero.

Yerma: Pero tú no. Cuando nos casamos eras otro. Ahora tienes la cara blanca como si no te diera en ella el sol. A mí me gustaría que fueras al río y nadaras y que te subieras al tejado cuando la lluvia cala nuestra vivienda. Veinticuatro meses llevamos casados, y tú cada vez más triste, más enjuto, como si crecieras al revés.

Juan: ¿Has acabado?

Yerma: *(Levantándose.)* No lo tomes a mal. Si yo estuviera enferma me gustaría que tú me cuidases. "Mi mujer está enferma. Voy a matar ese cordero para hacerle un buen guiso de carne." "Mi mujer está enferma. Voy a guardar esta enjundia de gallina para aliviar su pecho, voy a llevarle esta piel de oveja para guardar sus pies de la nieve." Así soy yo. Por eso te cuido.

Juan: Y yo te lo agradezco.

Yerma: Pero no te dejas cuidar.

Juan: Es que no tengo nada. Todas esas cosas son suposiciones tuyas. Trabajo mucho. Cada año seré más viejo.

Yerma: Cada año... Tú y yo seguiremos aquí cada año...

Juan: *(Sonriente.)* Naturalmente. Y bien sosegados. Las cosas de la labor van bien, no tenemos hijos que gasten.

Yerma: No tenemos hijos... ¡Juan!

Juan: Dime.

Yerma: ¿Es que yo no te quiero a ti?

Juan: Me quieres.

Yerma: Yo conozco muchachas que han temblado y que lloraban antes de entrar en la cama con sus maridos. ¿Lloré yo la primera vez que me acosté contigo? ¿No cantaba al levantar los embozos de Holanda? Y no te dije, ¡cómo huelen a manzanas estas ropas!

Juan: ¡Eso dijiste!

Yerma: Mi madre lloró porque no sentí separarme de ella. ¡Y era verdad! Nadie se casó con más alegría. Y, sin embargo...

Juan: Calla. Demasiado trabajo tengo yo con oír en todo momento...

Yerma: No. No me repitas lo que dicen. Yo veo por mis ojos que eso no puede ser... A fuerza de caer la lluvia sobre las piedras éstas se ablandan y hacen crecer jaramagos, que las gentes dicen que no sirven para nada. "Los jaramagos no sirven para nada", pero yo bien los veo mover sus flores amarillas en el aire.

Juan: ¡Hay que esperar!

Yerma: Sí; queriendo. *(Yerma abraza y besa al marido, tomando ella la iniciativa.)*

Juan: Si necesitas algo me lo dices y lo traeré. Ya sabes que no me gusta que salgas.

Yerma: Nunca salgo.

Juan: Estás mejor aquí.

Yerma: Sí.

Juan: La calle es para la gente desocupada.

Yerma: *(Sombría)* Claro.

(El marido sale y Yerma se dirige a la costura, se pasa la mano por el vientre, alza los brazos en un hermoso bostezo y se sienta a coser.)

¿De dónde vienes, amor, mi niño?
De la cresta del duro frío.
¿Qué necesitas, amor, mi niño?
La tibia tela de tu vestido.

(Enhebra la aguja)

¡Que se agiten las ramas al sol
y salten las fuentes alrededor!

(Como si hablara con un niño.)

En el patio ladra el perro,
en los árboles canta el viento.
Los bueyes mugen al boyero
y la luna me riza los cabellos.
¿Qué pides, niño, desde tan lejos?

(Pausa.)

Los blancos montes que hay en tu pecho.
¡Que se agiten las ramas al sol
y salten las fuentes alrededor!

(Cosiendo.)

Te diré, niño mío, que sí.
Tronchada y rota soy para ti.
¡Cómo me duele esta cintura
donde tendrás primera cuna!
Cuándo, mi niño, vas a venir.

(Pausa.)

Cuando tu carne huela a jazmín.
¡Que se agiten las ramas al sol
y salten las fuentes alrededor!

(Yerma queda cantando. Por la puerta entra María, que viene con un lío de ropa.)

Yerma: ¿De dónde vienes?
María: De la tienda.
Yerma: ¿De la tienda tan temprano?
María: Por mi gusto hubiera esperado en la puerta a que abrieran; y ¿a que no sabes lo que he comprado?
Yerma: Habrás comprado café para el desayuno, azúcar, los panes.
María: No. He comprado encajes, tres varas de hilo, cintas y lanas de color para hacer madroños. El dinero lo tenía mi marido y me lo ha dado él mismo.

Yerma: Te vas a hacer una blusa.

María: No, es porque... ¿sabes?

Yerma: ¿Qué?

María: Porque ¡ya ha llegado!

(Queda con la cabeza baja. Yerma se levanta y queda mirándola con admiración.)

Yerma: ¡A los cinco meses!

María: Sí.

Yerma: ¿Te has dado cuenta de ello?

María: Naturalmente.

Yerma: *(Con curiosidad.)* ¿Y qué sientes?

María: No sé. Angustia.

Yerma: Angustia. *(Agarrada a ella.)* Pero... ¿cuándo llegó?... Dime. Tú estabas descuidada.

María: Sí, descuidada...

Yerma: Estarías cantando, ¿verdad? Yo canto. Tú... dime...

María: No me preguntes. ¿No has tenido nunca un pájaro vivo apretado en la mano?

Yerma: Sí.

María: Pues, lo mismo..., pero por dentro de la sangre.

Yerma: ¡Qué hermosura! *(La mira extraviada.)*

María: Estoy aturdida. No sé nada.

Yerma: ¿De qué?

María: De lo que tengo que hacer. Le preguntaré a mi madre.

Yerma: ¿Para qué? Ya está vieja y habrá olvidado estas cosas. No andes mucho y cuando respires respira tan suave como si tuvieras una rosa entre los dientes.

María: Oye, dicen que más adelante te empuja suavemente con las piernecitas.

Yerma: Y entonces es cuando se le quiere más, cuando se dice ya: ¡mi hijo!

María: En medio de todo tengo vergüenza.

Yerma: ¿Qué ha dicho tu marido?

María: Nada.

Yerma: ¿Te quiere mucho?

María: No me lo dice, pero se pone junto a mí y sus ojos tiemblan como dos hojas verdes.

Yerma: ¿Sabía él que tú...?

María: Sí.

Yerma: ¿Y por qué lo sabía?

María: No sé. Pero la noche que nos casamos me lo decía constantemente con su boca puesta en mi mejilla, tanto que a mí me parece que mi niño es un palomo de lumbre que él me deslizó por la oreja.

Yerma: ¡Dichosa!

María: Pero tú estás más enterada de esto que yo.

Yerma: ¿De qué me sirve?

María: ¡Es verdad! ¿Por qué será eso? De todas las novias de tu tiempo tú eres la única...

Yerma: Es así. Claro que todavía es tiempo. Elena tardó tres años y otras antiguas del tiempo de mi madre mucho más, pero dos años y veinte días, como yo, es demasiada espera. Pienso que no es justo que yo me consuma así. Muchas noches salgo descalza al patio para pisar la tierra, no sé por qué. Si sigo así, acabaré volviéndome mala.

María: Pero ven acá, criatura; hablas como si fueras una vieja. ¡Qué digo! Nadie puede quejarse de estas cosas. Una hermana de mi madre lo tuvo a los catorce años, ¡y si vieras qué hermosura de niño!

Yerma: *(Con ansiedad.)* ¿Qué hacía?

María: Lloraba como un torito, con la fuerza de mil cigarras cantando a la vez y nos orinaba y nos tiraba de las trenzas, y cuando tuvo cuatro meses nos llenaba la cara de arañazos.

Yerma: *(Riendo.)* Pero esas cosas no duelen.

María: Te diré...

Yerma: ¡Bah! Yo he visto a mi hermana dar de mamar a su niño con el pecho lleno de grietas y le producía un gran dolor, pero era un dolor fresco, bueno, necesario para la salud.

María: Dicen que con los hijos se sufre mucho.

Yerma: Mentira. Eso lo dicen las madres débiles, las quejumbrosas. ¿Para qué los tienen? Tener un hijo no es tener un ramo de rosas. Hemos de sufrir para verlos crecer. Yo pienso que se nos va la mitad de nuestra sangre. Pero esto es bueno, sano, hermoso. Cada mujer tiene sangre para cuatro o cinco hijos y cuando no los tiene se le vuelve veneno, como me va a pasar a mí.

María: No sé lo que tengo.

Yerma: Siempre oí decir que las primerizas tienen susto.

María: *(Tímida.)* Veremos... Como tú coses tan bien...

Yerma: *(Cogiendo el lío.)* Trae. Te cortaré dos trajecitos. ¿Y esto?

María: Son los pañales.

Yerma: Bien. *(Se sienta.)*

María: Entonces... Hasta luego. *(Se acerca y Yerma le coge amorosamente el vientre con las manos.)*

Yerma: No corras por las piedras de la calle.

María: Adiós. *(La besa y sale.)*

Yerma: Vuelve pronto. *(Yerma queda en la misma actitud que al principio. Coge las tijeras y empieza a cortar. Sale Víctor.)* Adiós, Víctor.

Víctor: *(Es profundo y lleva firme gravedad.)* ¿Y Juan?

Yerma: En el campo.

Víctor: ¿Qué coses?

Yerma: Corto unos pañales.

Víctor: *(Sonriente.)* ¡Vamos!

Yerma: *(Ríe.)* Los voy a rodear de encajes.

Víctor: Si es niña le pondrás tu nombre.

Yerma: *(Temblando.)* ¿Cómo?...

Víctor: Me alegro por ti.

Yerma: *(Casi ahogada.)* No..., no son para mí. Son para el hijo de María.

Víctor: Bueno, pues a ver si con el ejemplo té animas. En esta casa hace falta un niño.

Yerma: *(Con angustia.)* ¡Hace falta!

Víctor: Pues adelante. Dile a tu marido que piense menos en el trabajo. Quiere juntar dinero y lo juntará, pero ¿a quién lo va a dejar cuando se muera? Yo me voy con las ovejas. Dile a Juan que recoja las dos que me compró, y en cuanto a lo otro, ¡que ahonde! *(Se va sonriente.)*

Yerma: *(Con pasión.)* ¡Eso! ¡Que ahonde!

Te diré, niño mío, que sí,
tronchada y rota soy para ti.
¡Cómo me duele esta cintura,
donde tendrás primera cuna!
¿Cuándo, mi niño, vas a venir?
¡Cuando tu carne huela a jazmín!

(Yerma, que en actitud pensativa se levanta y acude al sitio donde ha estado Víctor y respira fuertemente, como si aspirara aire de montaña, después va al otro lado de la habitación como buscando algo y de allí vuelve a sentarse y coge otra vez la costura. Comienza a coser y queda con los ojos fijos en un punto.)

Telón

CUADRO SEGUNDO

(Campo. Sale Yerma, Trae una cesta. Sale la vieja 1ª)

Yerma: Buenos días.

Vieja 1ª: Buenos los tenga la hermosa muchacha. ¿Dónde vas?

Yerma: Vengo de llevar la comida a mi esposo, que trabaja en los olivos.

Vieja 1ª: ¿Llevas mucho tiempo de casada?

Yerma: Tres años.

Vieja 1ª: ¿Tienes hijos?

Yerma: No.

Vieja 1ª: ¡Bah! ¡Ya tendrás!

Yerma: *(Con ansias.)* ¿Usted lo cree?

Vieja 1ª: ¿Por qué no? *(Se sienta.)* También yo vengo de traer la comida a mi esposo. Es viejo. Todavía trabaja. Tengo nueve hijos como nueve soles, pero como ninguno es hembra, aquí me tienes a mí de un lado para otro.

Yerma: Usted vive al otro lado del río.

Vieja 1ª: Sí. En los molinos. ¿De qué familia eres tú?

Yerma: Yo soy hija de Enrique el pastor.

Vieja 1ª: ¡Ah! Enrique el Pastor. Lo conocí. Buena gente. Levantarse. Sudar, comer unos panes y morirse. Ni más juego, ni más nada. Las ferias para otros. Criaturas de silencio. Pude haberme casado con un tío tuyo. Pero ¡ca! Yo he sido una mujer de faldas en el aire, he ido flechada a la tajada de melón, a la fiesta, a la torta de azúcar. Muchas veces me he asomado de madrugada a la puerta creyendo oír música de bandurrias que iba, que venía, pero era el aire. (Ríe.) Te vas a reír de mí. He tenido dos maridos, catorce hijos, cinco murieron y, sin embargo, no estoy triste, y quisiera vivir mucho más. Es lo que digo yo. Las higueras, ¡cuánto duran! Las casas, ¡cuánto duran!, y sólo nosotras, las endemoniadas mujeres, nos hacemos polvo por cualquier cosa.

Yerma: Yo quisiera hacerle una pregunta.

Vieja 1ª: ¿A ver? *(La mira.)* Ya sé lo que me vas a decir. De estas cosas no se puede decir palabra. *(Se levanta.)*

Yerma: *(Deteniéndola.)* ¿Por qué no? Me ha dado confianza el oírla hablar. Hace tiempo estoy deseando tener conversación con mujer vieja. Porque yo quiero enterarme. Sí. Usted me dirá...

Vieja 1ª: ¿Qué?

Yerma: *(Bajando la voz.)* Lo que usted sabe. ¿Por qué estoy yo seca? ¿Me he de quedar en plena vida para cuidar aves o poner cortinitas planchadas en mi ventanillo? No. Usted me ha de decir lo que tengo que hacer, que yo haré lo que sea, aunque me mande clavarme agujas en el sitio más débil de mis ojos.

Vieja 1ª: ¿Yo? Yo no sé nada. Yo me he puesto

boca arriba y he comenzado a cantar. Los hijos llegan como el agua. ¡Ay! ¿Quién puede decir que este cuerpo que tienes no es hermoso? Pisas, y al fondo de la calle relincha el caballo. ¡Ay! Déjame, muchacha, no me hagas hablar. Pienso muchas ideas que no quiero decir.

Yerma: ¿Por qué? ¡Con mi marido no hablo de otra cosa!

Vieja 1ª: Oye. ¿A ti te gusta tu marido?

Yerma: ¿Cómo?

Vieja 1ª: Que si lo quieres. Si deseas estar con él...

Yerma: No sé.

Vieja 1ª: ¿No tiemblas cuando se acerca a ti? ¿No te da así como un sueño cuando acerca sus labios? Dime.

Yerma: No. No lo he sentido nunca.

Vieja 1ª: ¿Nunca? ¿Ni cuando has bailado?

Yerma: *(Recordando.)* Quizá... Una vez... Víctor...

Vieja 1ª: Sigue.

Yerma: Me cogió de la cintura y no pude decirle nada porque no podía hablar. Otra vez el mismo Víctor, teniendo yo catorce años (él era un zagalón) , me cogió en sus brazos para saltar una acequia y me entró un temblor que me sonaron los dientes. Pero es que yo he sido vergonzosa.

Vieja 1ª: Y con tu marido...

Yerma: Mi marido es otra cosa. Me lo dio mi padre y yo lo acepté. Con alegría. Esta es la pura verdad. Pues el primer día que me puse de novia con él ya pensé... en los hijos... Y me miraba en sus ojos. Sí, pero era para verme muy chica, muy manejable, como si yo misma fuera hija mía.

Vieja 1ª: Todo lo contrario que yo. Quizá por eso no hayas parido a tiempo. Los hombres tienen que gustar, muchacha. Han de deshacernos las trenzas y darnos de beber agua en su misma boca. Así corre el mundo.

Yerma: El tuyo, que el mío no. Yo pienso muchas cosas, muchas, y estoy segura que las cosas que pienso las ha de realizar mi hijo. Yo me entregué a mi marido por él, y me sigo entregando para ver si llega, pero nunca por divertirme.

Vieja 1ª: ¡Y resulta que estás vacía!

Yerma: No, vacía no, porque me estoy llenando de odio. Dime: ¿tengo yo la culpa? ¿Es preciso buscar en el hombre al hombre nada más? Entonces, ¿qué vas a pensar cuando te deja en la cama con los ojos tristes mirando al techo y da media vuelta y se duerme? ¿He de quedarme pensando en él o en lo que puede salir relumbrando de mi pecho? Yo no sé, ¡pero dímelo tú, por caridad! *(Se arrodilla.)*

Vieja 1ª: ¡Ay, qué flor abierta! Qué criatura tan hermosa eres. Déjame. No me hagas hablar más. No quiero hablarte más. Son asuntos de honra y yo no quemo la honra de nadie. Tú sabrás. De todos modos debías ser menos inocente.

Yerma: *(Triste.)* Las muchachas que se crían en el campo como yo, tienen cerradas todas las puertas. Todo se vuelve medias palabras, gestos, porque todas estas cosas dicen que no se pueden saber. Y tú también, tú también lo callas y te vas con aire de doctora, sabiéndolo todo, pero negándolo a la que se muere de sed.

Vieja 1ª: A otra mujer serena yo le hablaría. A ti no. Soy vieja, y sé lo que digo.

Yerma: Entonces, que Dios me ampare.

Vieja 1ª: Dios, no. A mí no me ha gustado nunca Dios. ¿Cuándo os vais a dar cuenta de que no existe? Son los hombres los que te tienen que amparar.

Yerma: Pero ¿por qué me dices eso, por qué?

Vieja 1ª: *(Yéndose.)* Aunque debía haber Dios, aunque fuera pequeñito, para que mandara rayos contra los hombres de simiente podrida que encharcan la alegría de los campos.

Yerma: No sé lo que me quieres decir.

Vieja 1ª: Bueno, yo me entiendo. No pases tristeza. Espera en firme. Eres muy joven todavía. ¿Qué quieres que haga yo? *(Se va. Aparecen dos muchachas.)*

Muchacha 1ª: Por todas partes nos vamos encontrando gente.

Yerma: Con las faenas, los hombres están en los olivos, hay que traerles de comer. No quedan en las casas más que los ancianos.

Muchacha 2ª: ¿Tú regresas al pueblo?

Yerma: Hacia allá voy.

Muchacha 1ª: Yo llevo mucha prisa. Me dejé al niño dormido y no hay nadie en casa.

Yerma: Pues aligera, mujer. Los niños no se pueden dejar solos. ¿Hay cerdos en tu casa?

Muchacha 1ª: No. Pero tienes razón. Voy de prisa.

Yerma: Anda. Así pasan las cosas. Seguramente lo has dejado encerrado.

Muchacha 1ª: Es natural.

Yerma: Sí, pero es que no os dais cuenta lo que es un niño pequeño. La causa que nos parece más inofensiva puede acabar con él. Una agujita, un sorbo de agua.

Muchacha 1ª: Tienes razón. Voy corriendo. Es que no me doy bien cuenta de las cosas.

Yerma: Anda.

Muchacha 2ª: Si tuvieras cuatro o cinco no hablarías así.

Yerma: ¿Por qué? Aunque tuviera cuarenta.

Muchacha 2ª: De todos modos, tú y yo, con no tenerlos, vivimos más tranquilas.

Yerma: Yo, no.

Muchacha 2ª: Yo, sí ¡Qué afán! En cambio, mi madre no hace más que darme yerbajos pare que los tenga, y en octubre iremos al Santo que dicen que los da a la que lo pide con ansia. Mi madre pedirá. Yo, no.

Yerma: ¿Por qué te has casado?

Muchacha 2ª: Porque me han casado. Se casan todas. Si seguimos así no va a haber solteras más que las niñas. Bueno, y además..., una se casa en realidad mucho antes de ir a la iglesia. Pero las viejas se empeñan en todas estas cosas. Yo tengo diecinueve años y no me gusta guisar, ni lavar. Bueno, pues todo el día he de estar haciendo lo que no me gusta. ¿Y para qué? ¿Qué necesidad tiene mi marido de ser mi marido? Porque lo mismo hacíamos de novios que ahora. Tonterías de los viejos.

Yerma: Calla, no digas esas cosas.

Muchacha 2ª: También tú me dirás loca, ¡la loca, la local (Ríe.) Yo te puedo decir lo único que he aprendido en la vida: toda la gente está metida dentro de sus casas haciendo lo que no les gusta. Cuánto mejor se está en medio de la calle. Ya voy al arroyo, ya subo a tocar las campanas, ya me tomo un refresco de anís.

Yerma: Eres una niña.

Muchacha 2ª: Claro, pero no estoy loca. *(Ríe.)*

Yerma: ¿Tu madre vive en la parte más alta del pueblo?

Muchacha 2ª: Sí.

Yerma: ¿En la última casa?

Muchacha 2ª: Sí.

Yerma: ¿Cómo se llama?

Muchacha 2ª: Dolores. ¿Por qué preguntas?

Yerma: Por nada.

Muchacha 2ª: ¿Por algo preguntarás?

Yerma: No sé..., es un decir...

Muchacha 2ª: Allá tú... Mira, me voy a dar la comida a mi marido. *(Ríe.)* Es lo que hay que ver. Qué lástima no poder decir mi novio, ¿verdad? *(Ríe.)* ¡Ya se va la loca! *(Se va riendo alegremente.)* ¡Adiós!

Voz de Víctor.—*(Cantando.)*

¿Por qué duermes solo, pastor?
¿Por qué duermes solo, pastor?
En mi colcha de lana
dormirías mejor.
¿Por qué duermes solo, pastor?

Yerma: *(Escuchando.)*

¿Por qué duermes solo, pastor?
En mi colcha de lana
dormirías mejor.
Tu colcha de oscura piedra,
pastor,
y tu camisa de escarcha,
pastor,
juncos grises del invierno
en la noche de tu cama.
Los robles ponen agujas,
pastor,
debajo de tu almohada,
pastor,
y si oyes voz de mujer
es la rota voz del agua.

Pastor, pastor.
¿Qué quiere el monte de ti pastor?
Monte de hierbas amargas,
¿qué niño te está matando?
¡La espina de la retama!

(Va a salir y se tropieza con Víctor que entra.)

Víctor —*(Alegre.)* ¿Dónde va lo hermoso?
Yerma: ¿Cantabas tú?
Víctor —Yo.
Yerma: ¡Qué bien! Nunca te había sentido.
Víctor: ¿No?
Yerma: Y qué voz tan pujante. Parece un chorro de agua que te llena toda la boca.
Víctor: Soy alegre.
Yerma: Es verdad.
Víctor: Como tú triste.
Yerma: No soy triste, es que tengo motivos para estarlo.
Víctor: Y tu marido más triste que tú.
Yerma: El, sí. Tiene un carácter seco.
Víctor: Siempre fue igual. *(Pausa. Yerma está sentada.)* ¿Viniste a traer la comida?
Yerma: Sí. *(Lo mira. Pausa.)* ¿Qué tienes aquí? *(Señala la cara.)*
Víctor: ¿Dónde?
Yerma: *(Se levanta y se acerca a Víctor.)* Aquí..., en la mejilla; como una quemadura.

Víctor: No es nada.

Yerma: Me ha parecido. *(Pausa.)*

Víctor: Debe ser el sol...

Yerma: Quizá... *(Pausa. El silencio se acentúa y sin el menor gesto, comienza una lucha entre los dos personajes.)*

Yerma: *(Temblando.)* ¿Oyes?

Víctor: ¿Qué?

Yerma: ¿No sientes llorar?

Víctor: *(Escuchando.)* No.

Yerma: Me había parecido que lloraba un niño.

Víctor: ¿Sí?

YERMA. —Muy cerca. Y lloraba como ahogado.

Víctor: Por aquí hay siempre muchos niños que vienen a robar fruta.

Yerma: No. Es la voz de un niño pequeño. *(Pausa.)*

Víctor: No oigo nada.

Yerma: Serán ilusiones mías. *(Lo mira fijamente y Víctor la mira también y desvía la mirada lentamente como con miedo. Sale Juan.)*

Juan: ¡Qué haces todavía aquí!

Yerma: Hablaba.

Víctor: Salud. *(Sale.)*

Juan: Debías estar en casa.

Yerma: Me entretuve.

Juan: No comprendo en qué te has entretenido.

Yerma: Oí cantar los pájaros.

Juan: Está bien. Así darás que hablar a las gentes.

Yerma: *(Fuerte.)* Juan, ¿qué piensas?

Juan: No lo digo por ti, lo digo por las gentes.

Yerma: ¡Puñalada que le den a las gentes!

Juan: No maldigas. Está feo en una mujer.

Yerma: Ojalá fuera yo una mujer,

Juan: Vamos a dejarnos de conversación. Vete a la casa. *(Pausa.)*

Yerma: Está bien. ¿Te espero?

Juan: No. Estaré toda la noche regando. Viene poca agua, es mía hasta la salida del sol y tengo que defenderla de los ladrones. Te acuestas y te duermes.

Yerma: *(Dramática.)* ¡Me dormiré! *(Sale.)*

Telón

Acto segundo

CUADRO PRIMERO

(Canto a telón corrido. Torrente donde lavan las mujeres del pueblo Las lavanderas están situadas en varios pianos.)

Cantan: En el arroyo frío
lavo tu cinta,
como un jazmín caliente
tienes la risa.

Lavandera 1ª: A mí no me gusta hablar.
Lavandera 3ª: Pero aquí se habla.
Lavandera 4ª: Y no hay mal en ello.
Lavandera 5ª: La que quiera honra que la gane.
Lavandera 4ª: Yo planté un tomillo,
yo lo vi crecer.
El que quiera honra,
que se porte bien.

(Ríen.)

Lavandera 5ª: Así se habla.
Lavandera 1ª: Pero es que nunca se sabe nada.
Lavandera 4ª: Lo cierto es que el marido se ha llevado a vivir con ellos a sus dos hermanas.

Lavandera 5ª: ¿Las solteras?

Lavandera 4ª: Sí. Estaban encargadas de cuidar la iglesia y ahora cuidan de su cuñada. Yo no podría vivir con ellas.

Lavandera 1ª: ¿Por qué?

Lavandera 4ª: Porque dan miedo. Son como esas hojas grandes que nacen de pronto sobre los sepulcros. Están untadas con cera. Son metidas hacia dentro. Se me figura que guisan su comida con el aceite de las lámparas.

Lavandera 3ª: ¿Y están ya en la casa?

Lavandera 4ª: Desde ayer. El marido sale otra vez a sus tierras.

Lavandera 1ª: Pero ¿se puede saber lo que ha ocurrido?

Lavandera 5ª: Anteanoche, ella la pasó sentada en el tranco, a pesar del frío.

Lavandera 1ª: Pero ¿por qué?

Lavandera 4ª: Le cuesta trabajo estar en su casa.

Lavandera 5ª: Estas machorras son así: cuando podían estar haciendo encajes o confituras de manzanas, les gusta subirse al tejado y andar descalzas por esos ríos.

Lavandera 1ª: ¿Quién eres tú pare decir estas cosas? Ella no tiene hijos, pero no es por culpa suya.

Lavandera 4ª: Tiene hijos la que quiere tenerlos. Es que las regalonas, las flojas, las endulzadas no son a propósito pare llevar el vientre arrugado. *(Ríen.)*

Lavandera 3ª: Y se echan polvos de blancura y colorete y se prenden ramos de adelfa en busca de otro que no es su marido.

Lavandera 5ª: ¡No hay otra verdad!

Lavandera 1ª: Pero ¿vosotras la habéis visto con otro?

Lavandera 4ª: Nosotras no, pero las gentes sí.

Lavandera 1ª: ¡Siempre las gentes!

Lavandera 5ª: Dicen que en dos ocasiones.

Lavandera 2ª: ¿Y qué hacían?

Lavandera 4ª: Hablaban.

Lavandera 1ª: Hablar no es pecado.

Lavandera 4ª: Hay una cosa en el mundo que es la mirada. Mi madre lo decía. No es lo mismo una mujer mirando unas rosas que una mujer mirando los muslos de un hombre. Ella lo mira.

Lavandera 1ª: Pero ¿a quién?

Lavandera 4ª: A uno, ¿lo oyes? Entérate tú, ¿quieres que lo diga más alto? *(Risas.)* Y cuando no lo mira, porque está sola, porque no lo tiene delante, lo lleva retratado en los ojos.

Lavandera 1ª: ¡Eso es mentira! *(Algazara.)*

Lavandera 5ª: ¿Y el marido?

Lavandera 3ª: El marido está como sordo. Parado, como un lagarto puesto al sol. *(Ríen.)*

Lavandera 1ª: Todo se arreglaría si tuvieran criaturas.

Lavandera 2ª: Todo esto son cuestiones de gente que no tiene conformidad con su sino.

Lavandera 4ª: Cada hora que transcurre aumenta el infierno en aquella casa. Ella y las cuñadas, sin despegar los labios, blanquean todo el día las paredes, friegan los cobres, limpian con vaho los cristales, dan aceite a la solería, pues cuanto más relumbra la vivienda más arde por dentro.

Lavandera 1ª: Él tiene la culpa; ¡él! Cuando un padre no da hijos debe cuidar de su mujer.

Lavandera 4ª: La culpa es de ella que tiene por lengua un pedernal.

Lavandera 1ª: ¿Qué demonio se te ha metido entre los cabellos para que hables así?

Lavandera 4ª: ¿Y quién ha dado licencia a tu boca para que me des consejos?

Lavandera 2ª: ¡Callar!

Lavandera 1ª: Con una aguja de hacer calceta, ensartaría yo las lenguas murmuradoras.

Lavandera 2ª: ¡Calla!

Lavandera 4ª: Y yo la tapa del pecho de las fingidas.

Lavandera 2ª: Silencio. ¿No ves que por ahí vienen las cuñadas?

(Murmullos. Entran las dos cuñadas de Yerma. Van vestidas de luto. Se ponen a lavar en medio de un silencio. Se oyen esquilas.)

Lavandera 1ª: ¿Se van ya los zagales?

Lavandera 3ª: Sí, ahora salen todos los rebaños.

Lavandera 4ª: Me gusta el olor de las ovejas.

Lavandera 3ª: ¿Sí?

Lavandera 4ª: ¿Y por qué no? Olor de lo que una tiene. Como me gusta el olor del fango rojo que trae el río por el invierno.

Lavandera 3ª: Caprichos.

Lavandera 5ª: *(Mirando.)* Van juntos todos los rebaños.

Lavandera 4ª: Es una inundación de lana. Arramblan con todo. Si los trigos verdes tuvieran cabeza, temblarían de verlos venir.

Lavandera 3ª: ¡Mire cómo corren! ¡qué manada de enemigos!

Lavandera 1ª: Ya salieron todos, no falta uno.

Lavandera 4ª: A Ver..., no... Sí, sí, falta uno.

Lavandera 5ª: ¿Cuál ... ?

Lavandera 4ª: El de Víctor.

(Las dos cuñadas se yerguen y miran.)

En el arroyo frío lavo tu cinta.
Como un jazmín caliente tienes la risa.
Quiero vivir en la nevada chica
de ese jazmín.

Lavandera 1ª: ¡Ay de la casada seta!
¡Ay de la que tiene los pechos de arena!

Lavandera 5ª: Dime si tu marido
guarda semilla
para que el agua cante

por tu camisa.
Lavandera 4ª: Es tu camisa
nave de plata y viento
por las orillas.
Lavandera 1ª: Las ropas de mi niño
vengo a lavar
para que tome el agua
lecciones de cristal.
Lavandera 2ª: Por el monte ya llega
mi marido a comer.
Él me trae una rosa
y yo le doy tres.
Lavandera 5ª: Por el llano ya vino
mi marido a cenar.
Las brisas que me entrega
cubro con arrayán.
Lavandera 4ª: Por el aire ya viene
mi marido a dormir.
Yo, alhelíes rojos
y él, rojo alhelí.
Lavandera 1ª: Hay que juntar flor con flor
cuando el verano seca la sangre al segador.
Lavandera 4ª: Y abrir el vientre a pájaros sin sueño
cuando a la puerta llama temblando el invierno.
Lavandera 1ª: Hay que gemir en la sábana.
Lavandera 4ª: ¡Y hay que cantar!
Lavandera 5ª: Cuando el hombre nos trae
la corona y el pan.
Lavandera 4ª: Porque los brazos se enlazan.

Lavandera 2ª: Porque la luz se nos quiebra en la garganta.

Lavandera 4ª: Porque se endulza el tallo de las ramas.

Lavandera 1ª: Y las tiendas del viento cubren a las montañas.

Lavandera 6ª: *(Apareciendo en lo alto del torrente.)*

Para que un niño funda
yertos vidrios del alba.

Lavandera 1ª: Y nuestro cuerpo tiene ramas furiosas de coral.

Lavandera 6ª: Para que haya remeros en las aguas del mar.

Lavandera 1ª: Un niño pequeño, un niño.

Lavandera 2ª: Y las palomas abren las alas y el pico.

Lavandera 3ª: Un niño que gime, un hijo.

Lavandera 4ª: Y los hombres avanzan como ciervos heridos.

Lavandera 5ª: ¡Alegría, alegría, alegría, del vientre redondo, bajo la camisa!

Lavandera 2ª: ¡Alegría, alegría, alegría, ombligo, cáliz tierno de maravilla!

Lavandera 1ª: ¡Pero, ay de la casada seca!

¡Ay de la que tiene los pechos de arena!

Lavandera 3ª: ¡Que relumbre!

Lavandera 2ª: ¡Que coma!

Lavandera 5ª: ¡Que vuelva a relumbrar!

Lavandera 1ª: ¡Que cante!

Lavandera 2ª: ¡Que se esconda!

Lavandera 1ª: Y que vuelva a cantar.
Lavandera 6ª: La aurora que mi niño lleva en el delantal.
Lavandera 2ª: *(Cantan todas a coro.)*

En el arroyo frío lavo tu cinta.
Como un jazmín caliente tienes la risa.
¡Ja, ja, ja!

(Mueven los paños con ritmo y los golpean.)

Telón

CUADRO SEGUNDO

(Casa de Yerma. Atardece. Juan está sentado. Las dos cuñadas de pie.)

Juan: ¿Dices que salió hace poco? *(La hermana mayor contesta con la cabeza.)* Debe de estar en la fuente. Pero ya sabéis que no me gusta que salga sola. *(Pausa.)* Puedes poner la mesa. *(Sale la hermana menor.)* Bien ganado tengo el pan que como. *(A su hermana.)* Ayer pasé un día duro. Estuve podando los manzanos y a la caída de la tarde me puse a pensar pare qué pondría yo tanta ilusión en la faena si no puedo llevarme una manzana a la boca. Estoy harto. *(Se pasa la mano por la cara. Pausa.)* Esa no viene... Una de vosotras debía salir con ella, porque para eso estáis aquí comiendo en mi mantel y bebiendo mi vino. Mi vida está en el campo, pero mi honra está aquí. Y mi honra es también la vuestra. *(La hermana inclina la cabeza.)* No lo tomes a mal. *(Entra Yerma con dos cántaros. Queda parada en la puerta.)* ¿Vienes de la fuente?

Yerma: Para tener agua fresca en la comida. *(Sale la otra hermana.)* ¿Cómo están las tierras?

Juan: Ayer estuve podando los árboles. *(Yerma deja los cántaros. Pausa.)*

Yerma: ¿Te quedarás?

Juan: He de cuidar el ganado. Tú sabes que esto es cosa del dueño.

Yerma: Lo sé muy bien. No lo repitas.

Juan: Cada hombre tiene su vida.

Yerma: Y cada mujer la suya. No te pido yo que te quedes. Aquí tengo todo lo que necesito. Tus hermanas me guardan bien. Pan tierno y requesón y cordero asado como yo aquí, y pasto lleno de rocío tus ganados en el monte. Creo que puedes vivir en paz.

Juan: Para vivir en paz se necesita estar tranquilo.

Yerma: ¿Y tú no estás?

Juan: No lo estoy.

Yerma: Desvía la intención.

Juan: ¿Es que no conoces mi modo de ser? Las ovejas en el redil y las mujeres en su casa. Tú sales demasiado. ¿No me has oído decir esto siempre?

Yerma: Justo. Las mujeres dentro de sus casas. Cuando las casas no son tumbas. Cuando las sillas se rompen y las sábanas de hilo se gastan con el uso. Pero aquí no. Cada noche, cuando me acuesto, encuentro mi cama más nueva, más reluciente, como si estuviera recién traída de la ciudad.

Juan: Tú misma reconoces que llevo razón al quejarme. ¡Que tengo motivos para estar alerta!

Yerma: Alerta ¿de qué? En nada te ofendo. Vivo sumisa a ti, y lo que sufro lo guardo pegado a mis carnes. Y cada día que pase será peor. Vamos a callarnos. Yo sabré llevar mi cruz como mejor pueda, pero no me preguntes nada. Si pudiera de pronto volverme vieja y tuviera la boca como una flor machacada, te podría sonreír y conllevar la vida contigo. Ahora, ahora déjame con mis clavos.

Juan: Hablas de una manera que yo no te entiendo. No te privo de nada. Mando a los pueblos vecinos por las cosas que te gustan. Yo tengo mis defectos, pero quiero tener paz y sosiego contigo. Quiero dormir fuera y pensar que tú duermes también.

Yerma: Pero yo no duermo, yo no puedo dormir.

Juan: ¿Es que te falta algo? Dime. ¡Contesta!

Yerma: *(Con intención y mirando fijamente al marido.)* Sí, me falta. *(Pausa.)*

Juan: Siempre lo mismo. Hace ya más de cinco años. Yo casi lo estoy olvidando.

Yerma: Pero yo no soy tú. Los hombres tienen otra vida, los ganados, los árboles, las conversaciones; las mujeres no tenemos más que ésta de la cría y el cuidado de la cría.

Juan: Todo el mundo no es igual. ¿Por qué no te traes un hijo de tu hermano? Yo no me opongo.

Yerma: No quiero cuidar hijos de otros. Me figuro que se me van a helar los brazos de tenerlos.

Juan: Con ese achaque vives alocada, sin pensar en lo que debías, y te empeñas en meter la cabeza por una roca.

Yerma: Roca que es una infamia que sea roca, porque debía ser un canasto de flores y agua dulce.

Juan: Estando a tu lado no se siente más que inquietud, desasosiego. En último caso, debes resignarte.

Yerma: Yo he venido a estas cuatro paredes para no resignarme. Cuando tenga la cabeza atada con un pañuelo para que no se me abra la boca, y las manos bien amarradas dentro del ataúd, en esa hora me habré resignado.

Juan: Entonces, ¿qué quieres hacer?

Yerma: Quiero beber agua y no hay vaso ni agua, quiero subir al monte y no tengo pies, quiero bordar mis enaguas y no encuentro los hilos.

Juan: Lo que pasa es que no eres una mujer verdadera y buscas la ruina de un hombre sin voluntad.

Yerma: Yo no sé quién soy. Déjame andar y desahogarme. En nada te he faltado.

Juan: No me gusta que la gente me señale. Por eso quiero ver cerrada esa puerta y cada persona en su casa. *(Sale la hermana primera lentamente y se acerca a una alacena.)*

Yerma: Hablar con la gente no es pecado.

Juan: Pero puede parecerlo. *(Sale la otra hermana y se dirige a los cántaros en los cuales llena una jarra.)*

Juan: *(Bajando la voz.)* Yo no tengo fuerzas para estas cosas. Cuando te den conversación cierra la boca y piensa que eres una mujer casada.

Yerma: *(Con asombro.)* ¡Casada!

Juan: Y que las familias tienen honra y la honra es una carga que se lleva entre dos. *(Sale la hermana con la jarra, lentamente.)* Pero que está oscura y débil en los mismos caños de la sangre. *(Sale la otra hermana con una fuente de modo casi procesional. Pausa.)* Perdóname. *(Yerma mira a su marido, éste levanta la cabeza y se tropieza con la mirada.)* Aunque me miras de un modo que no debía decirte: perdóname, sino obligarte, encerrarte, porque para eso soy el marido. *(Aparecen las dos hermanas en la puerta.)*

Yerma: Te ruego que no hables. Deja quieta la cuestión. *(Pausa.)*

Juan: Vamos a comer. *(Entran las hermanas.)* ¿Me has oído?

Yerma: *(Dulce.)* Come tú con tus hermanas. Yo no tengo hambre todavía.

Juan: Lo que quieras. *(Entra.)*

Yerma: *(Como soñando.)*

¡Ay, qué prado de pena!
¡Ay, qué puerta cerrada a la hermosura!,
que pido un hijo que sufrir,
y el aire me ofrece dalias de dormida luna.
Estos dos manantiales que yo tengo
de leche tibia,
son en la espesura de mi carne,
dos pulsos de caballo,
que hacen latir la rama de mi angustia.

¡Ay, pechos ciegos bajo mi vestido!
¡Ay, palomas sin ojos ni blancura!
¡Ay, qué dolor de sangre prisionera
me está clavando avispas en la nuca!
Pero tú has de venir, amor, mi niño,
porque el agua da sal, la tierra fruta,
y nuestro vientre guarda tiernos hijos
como la nube lleva dulce lluvia.

(Mira hacia la puerta.)

¡María! ¿Por qué pasas tan de prisa por mi puerta?

María: *(Entra con un niño en brazos.)* Cuando voy con el niño lo hago..., ¡como siempre lloras!

Yerma: Tienes razón. *(Coge al niño y se sienta.)*

María: Me da tristeza que tengas envidia.

Yerma: No es envidia lo que tengo; es pobreza.

María: No te quejes.

Yerma: ¡Cómo no me voy a quejar cuando te veo a ti y a otras mujeres llenas por dentro de flores, y viéndome yo inútil en medio de tanta hermosura!

María: Pero tienes otras cosas. Si me oyeras podrías ser feliz.

Yerma: La mujer de campo que no da hijos es inútil como un manojo de espinos, y hasta mala, a pesar de que yo sea de este desecho dejado de la mano de Dios. *(María hace un gesto para tomar al niño.)*

Yerma: Tómalo, contigo está más a gusto. Yo no debo tener manos de madre.

María: ¿Por qué me dices eso?

Yerma: *(Se levanta.)* Porque estoy harta. Porque estoy harta de tenerlas y no poderlas usar en cosa propia. Que estoy ofendida, ofendida y rebajada hasta lo último, viendo que los trigos apuntan, que las fuentes no cesan de dar agua y que paren las ovejas cientos de corderos, y las perras, y que parece que todo el campo puesto de pie me enseña sus crías tiernas, adormiladas, mientras yo siento dos golpes de martillo aquí, en lugar de la boca de mi niño María: No me gusta lo que dices

Yerma: Las mujeres cuando tenéis hijos no podéis pensar en las que no los tenemos. Os quedáis frescas, ignorantes, como el que nada en agua dulce y no tiene idea de la sed.

María: No te quiero decir lo que te digo siempre.

Yerma: Cada vez tengo más deseos y menos esperanzas.

María: Mala cosa.

Yerma: Acabaré creyendo que yo misma soy mi hijo. Muchas veces bajo yo a echar la comida a los bueyes, que antes no lo hacía, porque ninguna mujer lo hace, y cuando paso por lo oscuro del cobertizo mis pasos me suenan a pasos de hombre.

María: Cada criatura tiene su razón.

Yerma: A pesar de todo sigue queriéndome. ¡Ya ves cómo vivo!

María: ¿Y tus cuñadas?

Yerma: Muerta me vea y sin mortaja, si alguna vez les dirijo la conversación.

María: ¿Y tu marido?

Yerma: Son tres contra mí.

María: ¿Qué piensan?

Yerma: Figuraciones. De gente que no tiene la conciencia tranquila. Creen que me puede gustar otro hombre y no saben que aunque me gustara, lo primero de mi casta es la honradez. Son piedras delante de mí. Pero ellos no saben que yo, si quiero, puedo ser agua de arroyo que las lleve. *(Una hermana entra y sale llevando un pan.)*

María: De todas maneras, creo que tu marido te sigue queriendo.

Yerma: Mi marido me da pan y casa.

María: ¡Qué trabajos estás pasando, qué trabajos! Pero acuérdate de las llagas de Nuestro Señor. *(Están en la puerta.)*

Yerma: *(Mirando al niño.)* Ya ha despertado.

María: Dentro de poco empezará a cantar..

Yerma: Los mismos ojos que tú, ¿lo sabías? ¿Los has visto? *(Llorando.)* ¡Tiene los mismos ojos que tienes tú! *(Yerma empuja suavemente a María y ésta sale silenciosa. Yerma se dirige a la puerta por donde entró su marido.)*

Muchacha 2ª: Chiss.

Yerma: *(Volviéndose.)* ¿Qué?

Muchacha 2ª: Esperé a que saliera. Mi madre te está aguardando.

Yerma: ¿Está sola?

Muchacha 2ª: Con dos vecinas.

Yerma: Dile que espere un poco.

Muchacha 2ª: ¿Pero vas a ir? ¿No te da miedo?

Yerma: Voy a ir.

Muchacha 2ª: ¡Allá tú!

Yerma: ¡Que me esperen aunque sea tarde! *(Entra Víctor.)*

Víctor: ¿Está Juan?

Yerma: Sí.

Muchacha 2ª: *(Cómplice.)* Entonces, luego, yo traeré la blusa, Yerma: Cuando quieras. *(Sale la muchacha.)* Siéntate.

Víctor: Estoy bien así.

Yerma: *(Llamando.)* ¡Juan!

Víctor: Vengo a despedirme. *(Se estremece ligeramente, pero vuelve a su serenidad.)*

Yerma: ¿Te vas con tus hermanos?

Víctor: Así lo quiere mi padre.

Yerma: Ya debe estar viejo.

Víctor: Sí. Muy viejo. *(Pausa.)*

Yerma: Haces bien de cambiar de campos.

Víctor: Todos los campos son iguales.

Yerma: No. Yo me iría muy lejos.

Víctor: Es todo lo mismo. Las mismas ovejas tienen la misma lana.

Yerma: Para los hombres, sí; pero las mujeres somos otra cosa. Nunca oí decir a un hombre comiendo: qué buenas son estas manzanas. Vais a lo vuestro sin reparar en las delicadezas. De mí sé decir que he aborrecido el agua de estos pozos.

Víctor: Puede ser. *(La escena está en una suave penumbra.)*

Yerma: Víctor.

Víctor: Dime.

Yerma: ¿Por qué te vas? Aquí las gentes lo quieren.

Víctor: Yo me porté bien. *(Pausa.)*

Yerma: Te portaste bien. Siendo zagalón me llevaste una vez en brazos, ¿no recuerdas? Nunca se sabe lo que va a pasar.

Víctor: Todo cambia.

Yerma: Algunas cosas no cambian. Hay cosas encerradas detrás de los muros que no pueden cambiar porque nadie las oye.

Víctor: Así es.

(Aparece la hermana segunda y se dirige lentamente hacia la puerta, donde queda fija, iluminada por la última luz de la tarde.)

Yerma: Pero que si salieran de pronto y gritaran, llenarían el mundo.

Víctor: No se adelantaría nada. La acequia por su sitio, el rebaño en el redil, la luna en el cielo y el hombre con su arado.

Yerma: ¡Qué pena más grande no poder sentir las enseñanzas de los viejos! ¡Se oye el sonido largo y melancólico de las caracolas de los pastores!

Víctor: Los rebaños.

Juan: *(Sale.)* ¿Vas ya de camino?

Víctor: Y quiero pasar el puerto antes del amanecer.

Juan: ¿Llevas alguna queja de mí?

Víctor: No. Fuiste buen pagador.

Juan: *(A Yerma.)* Le compré los rebaños.

Yerma: ¿Sí?

Víctor: *(A Yerma.)* Tuyos son.

Yerma: No lo sabía.

Juan: *(Satisfecho.)* Así es.

Víctor: Tu marido ha de ver su hacienda colmada.

Yerma: El fruto viene a las manos del trabajador que lo busca.

(La hermana que está en la puerta entra dentro.)

Juan: Ya no tenemos sitio donde meter tantas ovejas.

Yerma: *(Sombría.)* La tierra es grande. *(Pausa.)*

Juan: Iremos juntos hasta el arroyo.

Víctor: Deseo la mayor felicidad para esta casa.

(Le da la mano a Yerma.)

Yerma: ¡Dios lo oiga! ¡Salud!

(Víctor le da salida y, a un movimiento imperceptible de Yerma, se vuelve.)

Víctor: ¿Decías algo?
Yerma: *(Dramática.)* Salud, dije.
Víctor: Gracias.

(Salen. Yerma queda angustiada mirándose la mano que ha dado a Víctor. Yerma se dirige rápidamente hacia la izquierda y toma un mantón.)

Muchacha 2ª: Vamos. *(En silencio, tapándole la cabeza.)*
Yerma: Vamos. *(Salen sigilosamente.)*

(La escena está casi a oscuras. Sale la hermana primera con un velón que no debe dar al teatro luz ninguna sino la natural que lleva. Se dirige al fin de la escena, buscando a Yerma. Suenan las caracolas de los rebaños.)

Cuñada 1ª: *(En voz baja.)* ¡Yerma!

(Sale la hermana segunda. Se miran las dos y se dirigen hacia la puerta.)

Cuñada 2ª: *(Más alto.)* ¡Yerma!
Cuñada 1ª: *(Dirigiéndose a la puerta y con una imperiosa voz.)* ¡Yerma!

(Se oyen las caracolas y los cuernos de los pastores. La escena está oscurísima.)

Telón

Acto tercero

CUADRO PRIMERO

(Casa de la Dolores la conjuradora. Está amaneciendo. Entra Yerma Con Dolores y dos viejas.)

Dolores: Has estado valiente.

Vieja 1ª: No hay en el mundo fuerza como la del deseo.

Vieja 2ª: Pero el cementerio estaba demasiado oscuro.

Dolores: Muchas veces yo he hecho estas oraciones en el cementerio con mujeres que ansiaban críos y todas han pasado miedo. Todas menos tú.

Yerma: Yo he venido por el resultado. Creo que no eres mujer engañadora.

Dolores: No soy. Que mi lengua se llene de hormigas, como está la boca de los muertos, si alguna vez he mentido. La última vez hice la oración con una mujer mendicante que estaba seca más tiempo que tú, y se le endulzó el vientre de manera tan hermosa que tuvo dos criaturas ahí abajo en el río, porque no le daba tiempo de llegar a las casas, y ella misma las trajo en un pañal para que yo las arreglase.

Yerma: ¿Y pudo venir andando desde el río?

Dolores: Vino. Con los zapatos y las enaguas empapados de sangre... pero con la cara reluciente.

Yerma: ¿Y no le pasó nada?

Dolores: ¿Qué le iba a pasar? Dios es Dios.

Yerma: Naturalmente. Dios es Dios. No le podía pasar nada. Sino agarrar las criaturas y lavarlas con agua viva. Los animales los lamen, ¿verdad? A mí no me da asco de mi hijo. Yo tengo la idea de que las recién paridas están como iluminadas por dentro y los niños se duermen horas y horas sobre ellas, oyendo ese arroyo de leche tibia que les va llenando los pechos para que ellos mamen, para que ellos jueguen hasta que no quieran más, hasta que retiren la cabeza: "otro poquito más, niño..." y se les llene la cara y el pecho de gotas blancas.

Dolores: Ahora tendrás un hijo. Te lo puedo asegurar.

Yerma: Lo tendré porque lo tengo que tener. O no entiendo el mundo. A veces, cuando ya estoy segura de que jamás, jamás..., me sube como una oleada de fuego por los pies y se me quedan vacías todas las cosas, y los hombres que andan por la calle y los toros y las piedras me parecen como cosas de algodón. Y me pregunto: ¿para qué estarán ahí puestos?

Vieja 1ª: Está bien que una casada quiera hijos, pero si no los tiene, ¿por qué esa ansia de ellos? Lo importante de este mundo es dejarse llevar por los años. No te critico. Ya has visto cómo he ayudado a los rezos. Pero, ¿qué vega esperas dar a tu hijo ni qué felicidad, ni qué silla de plata?

Yerma: Yo no pienso en el mañana, pienso en el hoy. Tú estás vieja y lo ves ya todo como un libro leído. Yo pienso que tengo sed y no tengo libertad. Yo quiero tener a mi hijo en los brazos para dormir tranquila, y óyelo bien y no te espantes de lo que digo: aunque yo supiera que mi hijo me iba a martirizar después y me iba a odiar y me iba a llevar de los cabellos por las calles, recibiría con gozo su nacimiento, porque es mucho mejor llorar por un hombre vivo que nos apuñala, que llorar por este fantasma sentado año tras año encima de mi corazón.

Vieja 1ª: Eres demasiado joven para oír consejo. Pero mientras esperas la gracia de Dios debes ampararte en el amor de tu marido.

Yerma: ¡Ay! Has puesto el dedo en la llaga más honda que tienen mis carnes.

Dolores: Tu marido es bueno.

Yerma: *(Se levanta.)* ¡Es bueno! ¡Es bueno! ¿Y qué? Ojalá fuera malo. Pero no. Él va con sus ovejas por sus caminos y cuenta el dinero por las noches. Cuando me cubre cumple con su deber, pero yo le noto la cintura fría como si tuviera el cuerpo muerto y yo, que siempre he tenido asco de las mujeres calientes, quisiera ser en aquel instante como una montaña de fuego.

Dolores: ¡Yerma!

Yerma: No soy una casada indecente; pero yo sé que los hijos nacen del hombre y de la mujer. ¡Ay, si los pudiera tener yo sola!

Dolores: Piensa que tu marido también sufre.

Yerma: No sufre. Lo que pasa es que él no ansía hijos.

Vieja 1ª: ¡No digas eso!

Yerma: Se lo conozco en la mirada, y como no los ansía no me los da. No lo quiero, no lo quiero y, sin embargo, es mi única salvación. Por honra y por casta. Mi única salvación.

Vieja 1ª: *(Con miedo.)* Pronto empezará a amanecer. Debes ir a tu casa.

Dolores: Antes de nada saldrán los rebaños y no conviene que te vean sola.

Yerma: Necesitaba este desahogo. ¿Cuántas veces repito las oraciones?

Dolores: La oración del laurel dos veces, y al mediodía la oración de Santa Ana. Cuando te sientas encinta me traes la fanega de trigo que me has prometido.

Vieja 1ª: Por encima de los montes ya empieza a clarear. Vete.

Dolores: Como en seguida empezarán a abrir los portones, te vas dando un rodeo por la acequia.

Yerma: *(Con desaliento.)* ¡No sé por qué he venido!

Dolores: ¿Te arrepientes?

Yerma: ¡No!

Dolores: *(Turbada.)* Si tienes miedo te acompañaré hasta la esquina.

Vieja 1ª: *(Con inquietud.)* Van a ser las claras del día cuando llegues a tu puerta. *(Se oyen voces.)*

Dolores: ¡Calla! *(Escuchan.)*

Vieja 1ª: No es nadie. Anda con Dios. *(Yerma se dirige a la puerta y en este momento llaman a ella. Las tres mujeres quedan paradas.)*

Dolores: ¿Quién es?

Voz: Soy yo.

Yerma: Abre. *(Dolores duda.)* ¿Abres o no? *(Se oyen murmullos. Aparece Juan con las dos cuñadas.)*

Cuñada 2ª: Aquí está.

Yerma: Aquí estoy.

Juan: ¿Qué haces en este sitio? Si pudiera dar voces levantaría a todo el pueblo para que viera dónde iba la honra de mi casa; pero he de ahogarlo todo y callarme porque eres mi mujer.

Yerma: Si pudiera dar voces también las daría yo para que se levantaran hasta los muertos y vieran esta limpieza que me cubre.

Juan: ¡No, eso no! Todo lo aguanto menos eso. Me engañas, me envuelves y como soy un hombre que trabaja la tierra no tengo ideas para tus astucias.

Dolores: ¡Juan!

Juan: ¡Vosotras, ni palabra!

Dolores: *(Fuerte.)* Tu mujer no ha hecho nada malo.

Juan: Lo está haciendo desde el mismo día de la boda. Mirándome con dos agujas, pasando las noches en vela con los ojos abiertos al lado mío y llenando de malos suspiros mis almohadas.

Yerma: ¡Cállate!

Juan: Y yo no puedo más. Porque se necesita ser de bronce para ver a tu lado una mujer que te quiere meter los dedos dentro del corazón y que se sale de noche fuera de su casa, ¿en busca de qué? ¡Dime!, ¿buscando qué? Las calles están llenas de machos. En las calles no hay flores que cortar.

Yerma: No te dejo hablar ni una sola palabra... Ni una más. Te figuras tú y tu gente que sois vosotros los únicos que guardáis honra, y no sabes que mi casta no ha tenido nunca nada que ocultar. Anda. Acércate a mí y huele mis vestidos: ¡acércate! A ver dónde encuentras un olor que no sea tuyo, que no sea de tu cuerpo. Me pones desnuda en mitad de la plaza y me escupes. Haz conmigo lo que quieras, que soy tu mujer, pero guárdate de poner nombre de varón sobre mis pechos.

Juan: No soy yo quien lo pone, lo pones tú con tu conducta y el pueblo lo empieza a decir. Lo empieza a decir claramente. Cuando llego a un corro, todos callan; cuando voy a pesar la harina, todos callan y hasta de noche, en el campo, cuando despierto me parece que también se callan las ramas de los árboles.

Yerma: Yo no sé por qué empiezan los malos aires que revuelcan al trigo; ¡y mira tú si el trigo es bueno!

Juan: Ni yo sé lo que busca una mujer a todas horas fuera de su tejado.

Yerma: *(En un arranque y abrazándose a su marido.)* Te busco a ti. Te busco a ti, es a ti a quien busco día y noche sin encontrar sombra donde respirar. Es tu sangre y tu amparo lo que deseo.

Juan: Apártate.

Yerma: No me apartes y quiere conmigo.

Juan: ¡Quita!

Yerma: Mira que me quedo sola. Como si la luna se buscara ella misma por el cielo. ¡Mírame! *(Lo mira.)*

Juan: *(La mira y la aparta bruscamente.)* ¡Déjame ya de una vez!

Dolores: ¡Juan! *(Yerma cae al suelo.)*

Yerma: *(Alto.)* Cuando salía por mis claveles me tropecé con el muro. ¡Ay! ¡Ay! Es en ese muro donde tengo que estrellar mi cabeza.

Juan: Calla. Vamos.

Dolores: ¡Dios mío!

Yerma: *(A gritos.)* Maldito sea mi padre que me dejó su sangre de padre de cien hijos. Maldita sea mi sangre que los busca golpeando por las paredes.

Juan: ¡Calla he dicho!

Dolores: ¡Viene gente! Habla bajo.

Yerma: No me importa. Dejarme libre siquiera la voz, ahora que voy entrando en lo más oscuro del pozo. *(Se levanta.)* Dejar que de mi cuerpo salga siquiera esta cosa hermosa y que llene el aire. *(Se oyen votes.)*

Dolores: Van a pasar por aquí.

Juan: Silencio.

Yerma: ¡Eso! ¡Eso! Silencio. Descuida.

Juan: Vamos. ¡Pronto!

Yerma: Ya está! ¡Ya está! ¡Y es inútil que me retuerza las manos! Una cosa es querer con la cabeza...

Juan: Calla.

Yerma: *(Bajo.)* Una cosa es querer con la cabeza y otra cosa es que el cuerpo, ¡maldito sea el cuerpo!, no nos responda. Está escrito y no me voy a poner a luchar a brazo partido con los mares. ¡Ya está! ¡Que mi boca se quede muda! *(Sale.)*

Telón rápido

CUADRO SEGUNDO

(Alrededores de una ermita, en plena montaña. En primer término, unas ruedas de carro y unas mantas formando una tienda rústica donde está Yerma. Entran las mujeres con ofrendas a la ermita. Vienen descalzas. En escena está la vieja alegre del primer acto.) (Canto a telón corrido.)

No te pude ver
cuando eras soltera,

mas de casada te encontraré.
No te pude ver
cuando eras soltera,
Te desnudaré
casada y romera,
cuando en lo oscuro las doce den.

Vieja: *(Con sorna.)* ¿Habéis bebido ya el agua santa?

Mujer 1ª: Sí.

Vieja: Y ahora a ver a ése.

Mujer 1ª: Creemos en él.

Vieja: Venís a pedir hijos al Santo y resulta que cada año vienen más hombres solos a esta romería; ¿qué es lo que pasa? *(Ríe.)*

Mujer 1ª: ¿A qué vienes aquí si no crees?

Vieja: A ver. Yo me vuelvo loca por ver. Y a cuidar de mi hija. El año pasado se mataron dos por una casada seca y quiero vigilar. Y en último caso, vengo porque me da la gana.

Mujer 1ª: ¡Que Dios te perdone! *(Entran.)*

Vieja: *(Con sarcasmo.)* Que te perdone a ti. *(Se va. Entra María con la muchacha 1ª)*

Muchacha 1ª: ¿Y ha venido?

María: Ahí tienes el carro. Me costó mucho que vinieran. Ella ha estado un mes sin levantarse de la silla. Le tengo miedo. Tiene una idea que no sé cuál es, pero desde luego es una idea mala.

Muchacha 1ª: Yo llegué con mi hermana. Lleva ocho años viniendo sin resultado.

María: Tiene hijos la que los tiene que tener.

Muchacha 1ª: Es lo que yo digo. *(Se oyen voces.)*

María: Nunca mc gustó esta romería. Vamos a las eras, que es donde está la gente.

Muchacha 1ª: El año pasado, cuando se hizo oscuro, unos mozos atenazaron con sus manos los pechos de mi hermana.

María: En cuatro leguas a la redonda no se oyen más que palabras terribles.

Muchacha 1ª: Más de cuarenta toneles de vino he visto en las espaldas de la ermita.

María: Un río de hombres solos baja esas sierras.

(Salen. Se oyen voces. Entra Yerma con seis mujeres que van a la iglesia. Van descalzas y llevan cirios rizados. Empieza el anochecer.)

María: Señor, que florezca la rosa, no me la dejéis en sombra.

Mujer 2ª: Sobre su carne marchita florezca la rosa amarilla.

María: Y en el vientre de tus siervas la llama oscura de la tierra.

Coro de mujeres: Señor, que florezca la rosa, no me la dejéis en sombra. *(Se arrodillan.)*

Yerma: El cielo tiene jardines con rosales de alegría, entre rosal y rosal la rosa de maravilla.

Rayo de aurora parece,
y un arcángel la vigila,

las alas como tormentas,
los ojos como agonías.
Alrededor de sus hojas
arroyos de leche tibia juegan
y mojan la cara
de las estrellas tranquilas.
Señor, abre tu rosal
sobre mi carne marchita. *(Se levantan.)*

Mujer 2ª: Señor, calma con tu mano
las ascuas de su mejilla.

Yerma: Escucha a la penitente
de tu santa romería.
Abre tu rosa en mi carne
aunque tenga mil espinas.

Coro: Señor, que florezca la rosa,
no me la dejéis en sombra.

Yerma: Sobre mi carne marchita
la rosa de maravilla.

(Entran.)

(Salen muchachas corriendo, con largas cintas en las manos, por la izquierda. Por la derecha, otras tres mirando hacia atrás. Hay en la escena como un crescendo de voces y de ruidos de cascabeles y colleras de campanilleros. En un plano superior aparecen las siete muchachas que agitan las cintas hacia la izquierda. Crece el ruido y entran dos máscaras populares. Una como macho y otra como hembra. Llevan grandes caretas. El

macho empuña un cuerno de toro en la mano. No son grotescas de ningún modo, sino de gran belleza y con un sentido de pura tierra. La hembra agita un collar de grandes cascabeles. El fondo se llena de gente que grita y comenta la danza. Está muy anochecido.)

Niños: ¡El demonio y su mujer! ¡El demonio y su mujer!
Hembra: En el río de la sierra
la esposa triste se bañaba.
Por el cuerpo le subían
los caracoles del agua.
La arena de las orillas
y el aire de la mañana
le daban fuego a su risa
y temblor a sus espaldas.
¡Ay, qué desnuda estaba
la doncella en el agua!
Niño: ¡Ay, cómo se quejaba!
Hombre 1°: ¡Ay, marchita de amores
con el viento y el agua!
Hombre 2°: ¡Que diga a quién espera!
Hombre 1ª: ¡Que diga a quién aguarda!
Hombre 2ª: ¡Ay, con el vientre seco y la color quebrada!
Hembra: Cuando llegue la noche lo diré,
cuando llegue la noche clara.
Cuando llegue la noche de la romería
rasgaré los volantes de mi enagua.

Niño: Y en seguida vino la noche.
¡Ay, que la noche llegaba!
Mirad qué oscuro se pone
el chorro de la montaña.

(Empiezan a sonar unas guitarras.)

Macho: *(Se levanta y agita el cuerno.)*
¡Ay, qué blanca la triste casada!
¡Ay, cómo se queja entre las ramas!
Amapola y clavel será luego
cuando el macho despliegue su capa.

(Se acerca.)

Si tú vienes a la romería
a pedir que tu vientre se abra,
no te pongas un velo de luto
sino dulce camisa de Holanda.
Vete sola detrás de los muros
donde están las higueras cerradas
y soporta mi cuerpo de tierra
hasta el blanco gemido del alba.
¡Ay, cómo relumbra!
¡Ay, cómo relumbra,
ay, cómo se cimbrea la casada!
Hembra: Ay, que el amor le pone
coronas y guirnaldas,
y dardos de oro vivo

en su pecho se clavan.
Macho: Siete veces gemía,
nueve se levantaba,
quince veces juntaron
jazmines con naranjas.
Hombre 3º: ¡Dale ya con el cuerno!
Hombre 2ª: ¡Con la rosa y la danza!
Hombre 1ª: ¡Ay, cómo se cimbrea la casada!
Macho: En esta romería
el varón siempre manda.
Los maridos son toros.
El varón siempre manda.
¡Dale ya con la rama!
Y las romeras flores
para aquel que las gana.
Niño: ¡Dale ya con el aire!
Hombre 2ª: ¡Dale ya con la rama!
Macho: Venid a ver la lumbre de la que se bañaba!
Hombre 1ª: Como junco se curva.
Hembra: Y como flor se cansa.
Hombre: ¡Que se aparten las niñas!
Macho: Que se queme la danza y el cuerpo reluciente de la linda casada.

(Se van bailando con son de palmas y sonrisas. Cantan.)

El cielo tiene jardines con rosales de alegría, entre rosal y rosal la rosa de maravilla.

(Vuelven a pasar dos muchachas gritando. Entra la vieja alegre.)

Vieja: A ver si luego nos dejáis dormir. Pero luego será ella. *(Entra Yerma)* ¡Tú! *(Yerma está abatida y no habla.)* Dime, ¿para qué has venido?

Yerma: No sé.

Vieja: ¿No te convences? ¿Y tu esposo? *(Yerma da muestras de cansancio y de persona a la que una idea fija le quiebra la cabeza.)*

Yerma: Ahí está.

Vieja: ¿Qué hace?

Yerma: Bebe. *(Pausa. Llevándose Las manos a la frente.)* ¡Ay!

Vieja: ¡Ay, ay! Menos ¡ay! Y más alma. Antes no he podido decirte nada, pero ahora sí.

Yerma: ¡Y qué me vas a decir que ya no sepa!

Vieja: Lo que ya no se puede callar. Lo que está puesto encima del tejado. La culpa es de tu marido. ¿Lo oyes? Me dejaría cortar las manos. Ni su padre, ni su abuelo, ni su bisabuelo, se portaron como hombres de casta. Para tener un hijo ha sido necesario que se junte el cielo con la tierra. Están hechos con saliva. En cambio, tu gente no. Tienes hermanos y primos a cien leguas a la redonda. Mira qué maldición ha venido a caer sobre tu hermosura.

Yerma: Una maldición. Un charco de veneno sobre las espigas.

Vieja: Pero tú tienes pies para marcharte de tu casa.

Yerma: ¿Para marcharme?

Vieja: Cuando te vi en la romería me dio un vuelco el corazón. Aquí vienen las mujeres a conocer hombres nuevos. Y el Santo hace el milagro. Mi hijo está sentado detrás de la ermita esperándote. Mi casa necesita una mujer. Vete con él y viviremos los tres juntos. Mi hijo sí es de sangre. Como yo. Si entras en mi casa todavía queda olor de tunas. La ceniza de tu colcha se te volverá pan y sal para las crías. Anda. No te importe la gente. Y en cuanto a tu marido, hay en mi casa entrañas y herramientas para que no cruce siquiera la calle.

Yerma: ¡Calla, calla, si no es eso! Nunca lo haría. Yo no puedo ir a buscar. ¿Te figuras que puedo conocer otro hombre? ¿Dónde pones mi honra? El agua no se puede volver atrás ni la luna llena sale al mediodía. Vete. Por el camino que voy, seguiré. ¿Has pensado en serio que yo me pueda doblar a otro hombre? ¿Qué yo vaya a pedirle lo que es mío como una esclava? Conóceme, para que nunca me hables más. Yo no busco.

Vieja: Cuando se tiene sed, se agradece el agua.

Yerma: Yo soy como un campo seco donde caben arando mil pares de bueyes y lo que tú me das es un pequeño vaso de agua de pozo. Lo mío es dolor que ya no está en las carnes.

Vieja: *(Fuerte.)* Pues sigue así. Por tu gusto es. Como los cardos del secano, pinchosa, marchita.

Yerma: *(Fuerte.)* ¡Marchita, sí, ya lo sé! ¡Marchita! No es preciso que me lo refriegues por la boca. No vengas a solazarte como los niños pequeños en la agonía de un animalito. Desde que me casé estoy dándole vueltas a esta palabra, pero es la primera vez que la oigo, la primera vez que me la dicen en la cara. La primera vez que veo que es verdad.

Vieja: No me das ninguna lástima, ninguna. Yo buscaré otra mujer para mi hijo. *(Se va. Se oye un gran coro lejano cantando por los romeros. Yerma se dirige hacia el carro y aparece detrás del mismo su marido.)*

Yerma: ¿Estabas ahí?

Juan: Estaba.

Yerma: ¿Acechando?

Juan: Acechando.

Yerma: ¿Y has oído?

Juan: Sí.

Yerma: ¿Y qué? Déjame y vete a los cantos. *(Se sienta en las mantas.)*

Juan: También es hora de que yo hable.

Yerma: ¡Habla!

Juan: Y que me queje.

Yerma: ¿Con qué motivos?

Juan: Que tengo el amargor en la garganta.

Yerma: Y yo en los huesos.

Juan: Ha llegado el último minuto de resistir este continuo lamento por cosas oscuras, fuera de la vida, por cosas que están en el aire.

Yerma: *(Con asombro dramático.)* ¿Fuera de la vida, dices? ¿En el aire, dices?

Juan: Por cosas que no han pasado y ni tú ni yo dirigimos.

Yerma: *(Violenta.)* ¡Sigue! ¡Sigue!

Juan: Por cosas que a mí no me importan. ¿Lo oyes? Que a mí no me importan. Ya es necesario que te lo diga. A mí me importa lo que tengo entre las manos. Lo que veo por mis ojos.

Yerma: *(Incorporándose de rodillas, desesperada.)* Así, así. Eso es lo que yo quería oír de tus labios. No se siente la verdad cuando está dentro de una misma, pero ¡qué grande y cómo grita cuando se pone fuera y levanta los brazos! ¡No te importa! ¡Ya lo he oído!

Juan: *(Acercándose.)* Piensa que tenía que pasar así. Óyeme. *(La abraza para incorporarla.)* Muchas mujeres serían felices de llevar tu vida. Sin hijos es la vida más dulce. Yo soy feliz no teniéndolos. No tenemos culpa ninguna.

Yerma: ¿Y qué buscabas en mí?

Juan: A ti misma.

Yerma: *(Excitada.)* ¡Eso! Buscabas la casa, la tranquilidad y una mujer. Pero nada más. ¿Es verdad lo que digo?

Juan: Es verdad. Como todos.

Yerma: ¿Y lo demás? ¿Y tu hijo?

Juan: *(Fuerte.)* ¿No oyes que no me importa? ¡No me preguntes más! ¡Que te lo tengo que gritar al oído para que lo sepas, a ver si de una vez vives ya tranquila!

Yerma: ¿Y nunca has pensado en él cuando me has visto desearlo?

Juan: Nunca.

(Están los dos en el suelo.)

Yerma: ¿Y no podré esperarlo?

Juan: No.

Yerma: ¿Ni tú?

Juan: Ni yo tampoco. ¡Resígnate!

Yerma: ¡Marchita!

Juan: Y a vivir en paz. Uno y otro, con suavidad, con agrado. ¡Abrázame! *(La abraza.)*

Yerma: ¿Qué buscas?

Juan: A ti te busco. Con la luna estás hermosa.

Yerma: Me buscas como cuando te quieres comer una paloma.

Juan: Bésame..., así.

Yerma: Eso nunca, nunca. *(Yerma da un grito y aprieta la garganta de su esposo. Éste cae hacia atrás. Le aprieta la garganta hasta matarle. Empieza el coro de la romería.)* Marchita. Marchita, pero segura. Ahora sí que lo sé de cierto. Y sola. *(Se levanta. Empieza a llegar gente.)* Voy a descansar sin despertarme sobresaltada, para ver si la sangre me anuncia otra sangre nueva. Con el cuerpo seco para siempre. ¿Qué queréis saber? No os acerquéis, porque he matado a mi hijo, ¡yo misma he matado a mi hijo! *(Acude un grupo que queda al fondo. Se oye el coro de la romería.)*

Telón final

Doña Rosita la soltera

Personajes

Doña Rosita
El Ama
La Tía
Manola 1ª
Manola 2ª
Manola 3ª
Soltera 1ª
Soltera 2ª
Soltera 3ª
Madre de las solteras
Ayola 1ª
Ayola 2ª
El Sobrino
El Catedrático de Economía
Don Martín
El Muchacho
Dos Obreros
Una Voz

Acto primero

Habitación con salida a un invernadero

Tío: ¿Y mis semillas?

Ama: Ahí estaban.

Tío: Pues no están.

Tía: Eléboro, fucsias y los crisantemos, Luis Passy violáceo y altair blanco plata con puntas heliotropo.

Tío: Es necesario que cuidéis las flores.

Ama: Si lo dice por mí...

Tía: Calla. No repliques.

Tío: Lo digo por todos. Ayer me encontré las semillas de dalias pisoteadas por el suelo. *(Entra en el invernadero.)* No os dais cuenta de mi invernadero; desde el ochocientos siete, en que la condesa de Wandes obtuvo la rosa muscosa, no la ha conseguido nadie en Granada más que yo, ni el botánico de la Universidad. Es preciso que tengáis más respeto por mis plantas.

Ama: Pero ¿no las respeto?

Tía: ¡Chist! Sois a cuál peor.

Ama: Sí, señora. Pero yo no digo que de tanto regar las flores y tanta agua por todas partes van a salir sapos en el sofá.

Tía: Luego bien te gusta olerlas.

Ama: No, señora. A mí las flores me huelen a niño

muerto, o a profesión de monja, o a altar de iglesia. A cosas tristes. Donde esté una naranja o un buen membrillo, que se quiten las rosas del mundo. Pero aquí… rosas por la derecha, albahaca por la izquierda, anémonas, salvias, petunias y esas flores de ahora, de moda, los crisantemos, despeinados como unas cabezas de gitanillas. ¡Qué ganas tengo de ver plantados en este jardín un peral, un cerezo, un caqui!

Tía: ¡Para comértelos!

Ama: Como quien tiene boca… Como decían en mi pueblo:

La boca sirve para comer,
las piernas sirven para la danza,
y hay una cosa de la mujer…

(Se detiene y se acerca a la tía y lo dice bajo.)

Tía: ¡Jesús! *(Signando.)*

Ama: Son indecencias de los pueblos. *(Signando.)*

Rosita: *(Entra rápida. Viene vestida de rosa con un traje del novecientos, mangas de jamón y adornos de cintas.)* ¿Y mi sombrero? ¿Dónde está mi sombrero? ¡Ya han dado las treinta campanadas en San Luis!

Ama: Yo lo dejé en la mesa.

Rosita: Pues no está. *(Buscan.)* *(El ama sale.)*

Tía: ¿Has mirado en el armario? *(Sale la tía.)*

Ama: *(Entra.)* No lo encuentro.

Rosita: ¿Será posible que no sepa dónde está mi sombrero?

Ama: Ponte el azul con margaritas.

Rosita: Estás loca.

Ama: Más loca estás tú.

Tía: *(Vuelve a entrar.)* ¡Vamos, aquí está! *(Rosita lo coge y sale corriendo.)*

Ama: Es que todo lo quiere volando. Hoy ya quisiera que fuese pasado mañana. Se echa a volar y se nos pierde de las manos. Cuando chiquita tenía que contarle todos los días el cuento de cuando ella fuera vieja: «Mi Rosita ya tiene ochenta años»…, y siempre así. ¿Cuándo la ha visto usted sentada a hacer encaje de lanzadera o frivolité, o puntas de festón o sacar hilos para adornarse una chapona?

Tía: Nunca.

Ama: Siempre del coro al caño y del caño al coro; del coro al caño y del caño al coro.

Tía: ¡A ver si te equivocas!

Ama: Si me equivocara no oiría usted ninguna palabra nueva.

Tía: Claro es que nunca me ha gustado contradecirla, porque ¿quién apena a una criatura que no tiene padres?

Ama: Ni padre, ni madre, ni perrito que le ladre, pero tiene un tío y una tía que valen un tesoro. *(La abraza.)*

Tío: *(Dentro.)* ¡Esto ya es demasiado!

Tía: ¡María Santísima!

Tío: Bien está que se pisen las semillas, pero no es tolerable que esté con las hojitas tronchadas la planta de rosal que más quiero. Mucho más que la muscosa y la híspida y la pomponiana y la damascena y que la eglantina de la reina Isabel. *(A la tía.)* Entra, entra y verás.

Tía: ¿Se ha roto?

Tío: No, no le ha pasado gran cosa, pero pudo haberle pasado.

Ama: ¡Acabáramos!

Tío: Yo me pregunto: ¿quién volcó la maceta?

Ama: A mí no me mire usted.

Tío: ¿He sido yo?

Ama: ¿Y no hay gatos y no hay perros, y no hay un golpe de aire que entra por la ventana?

Tía: Anda, barre el invernadero.

Ama: Está visto que en esta casa no la dejan hablar a una.

Tío: *(Entra.)* Es una rosa que nunca has visto; una sorpresa que te tengo preparada. Porque es increíble la "rosa declinata" de capullos caídos y la inermis que no tiene espinas; ¡qué maravilla!, ¿eh?, ¡ni una espina!; y la mirtifolia que viene de Bélgica y la sulfurata que brilla en la oscuridad. Pero ésta las aventaja a todas en rareza. Los botánicos la llaman "rosa mutabile", que quiere decir mudable, que cambia… En este libro está su descripción y su pintura, ¡mira! (Abre el libro.) Es roja por la mañana, a la tarde se pone blanca y se deshoja por la noche.

Cuando se abre en la mañana.
roja como sangre está.
El rocío no la toca
porque se teme quemar.
Abierta en el mediodía
es dura como el coral.
El sol se asoma a los vidrios
para verla relumbrar.
Cuando en las ramas empiezan
los pájaros a cantar
y se desmaya la tarde
en las violetas del mar,
se pone blanca, con blanco
de una mejilla de sal.
Y cuando toca la noche
blando cuerno de metal
y las estrellas avanzan
mientras los aires se van,
en la raya de lo oscuro,
se comienza a deshojar.

Tía: ¿Y tiene ya flor?
Tío: Una que se está abriendo.
Tía: ¿Dura un día tan solo?
Tío: Uno. Pero yo ese día lo pienso pasar al lado para ver cómo se pone blanca.

Rosita: *(Entrando.)* Mi sombrilla.

Tío: Su sombrilla.

Tía: *(A voces.)* La sombrilla.

Ama: *(Apareciendo.)* ¡Aquí está la sombrilla! *(Rosita coge la sombrilla y besa a sus tíos.)*

Rosita: ¿Qué tal?

Tío: Un primor.

Tía: No hay otra.

Rosita: *(Abriendo la sombrilla.)* ¿Y ahora?

Ama: ¡Por Dios, cierra la sombrilla, no se puede abrir bajo techado! ¡Llega la mala suerte!

> Por la rueda de San Bartolomé
> y la varita de San José
> y la santa rama de laurel,
> enemigo, retírate
> por las cuatro esquinas de Jerusalén.

(Ríen todos. El tío sale.)

Rosita: *(Cerrando.)* ¡Ya está!

Ama: No lo hagas más… ¡ca…ramba!

Rosita: ¡Huy!

Tía: ¿Qué ibas a decir?

Ama: ¡Pero no lo he dicho!

Rosita: *(Saliendo con risas.)* ¡Hasta luego!

Tía: ¿Quién te acompaña?

Rosita: *(Asomando la cabeza.)* Voy con las manolas.

Ama: Y con el novio.

Tía: El novio creo que tenía que hacer.

Ama: No sé quién me gusta más, si el novio o ella. *(La tía se sienta a hacer encaje de bolillos.)* Un par de primos para ponerlos en un vasar de azúcar, y si se murieran, ¡Dios los libre!, embalsamarlos y meterlos en un nicho de cristales y de nieve. ¿A cuál quiere usted más? *(Se pone a limpiar.)*

Tía: A los dos los quiero como sobrinos.

Ama: Uno por la manta de arriba y otro por la manta de abajo, pero…

Tía: Rosita se crió conmigo.

Ama: Claro. Como que yo no creo en la sangre. Para mí esto es ley. La sangre corre por debajo de las venas, pero no se ve. Más se quiere a un primo segundo que se ve todos los días, que a un hermano que está lejos. Por qué, vamos a ver.

Tía: Mujer, sigue limpiando.

Ama: Ya voy. Aquí no la dejan a una ni abrir los labios. Críe usted una niña hermosa para esto. Déjese usted a sus propios hijos en una chocita temblando de hambre.

Tía: Será de frío.

Ama: Temblando de todo, para que le digan a una: "¡Cállate!"; y como soy criada, no puedo hacer más que callarme, que es lo que hago, y no puedo replicar y decir…

Tía: Y decir ¿qué…?

Ama: Que deje usted esos bolillos con ese tiquití, que me va a estallar la cabeza de tiquitís.

Tía: *(Riendo.)* Mira a ver quién entra.

*(Hay un silencio en la escena,
donde se oye el golpear de los bolillos.)*

Voz: ¡Manzanillaaaaa finaaa de la sierraa!

Tía: *(Hablando sola.)* Es preciso comprar otra vez manzanilla. En algunas ocasiones hace falta… Otro día que pase…, treinta y siete, treinta y ocho.

Voz del pregonero: *(Muy lejos.)* ¡Manzanillaa finaa de la sierraa!

Tía: *(Poniendo un alfiler.)* Y cuarenta.

Sobrino: *(Entrando.)* Tía.

Tía: *(Sin mirarlo.)* Hola, siéntate si quieres. Rosita ya se ha marchado.

Sobrino: ¿Con quién salió?

Tía: Con las manolas. *(Pausa. Mirando al sobrino.)* Algo te pasa.

Sobrino: Sí.

Tía: *(Inquieta.)* Casi me lo figuro. Ojalá me equivoque.

Sobrino: No. Lea usted.

Tía: *(Lee.)* Claro, si es natural. Por eso me opuse a tus relaciones con Rosita. Yo sabía que más tarde o más temprano te tendrías que marchar con tus padres. ¡Y que es ahí al lado! Cuarenta días de viaje hacen falta para llegar a Tucumán. Si fuera hombre y joven, te cruzaría la cara.

Sobrino: Yo no tengo culpa de querer a mi prima.

¿Se imagina usted que me voy con gusto? Precisamente quiero quedarme aquí, y a eso vengo.

Tía: ¡Quedarte! ¡Quedarte! Tu deber es irte. Son muchas leguas de hacienda y tu padre está viejo. Soy yo la que te tiene que obligar a que tomes el vapor. Pero a mí me dejas la vida amargada. De tu prima no quiero acordarme. Vas a clavar una flecha con cintas moradas sobre su corazón. Ahora se enterará de que las telas no sólo sirven para hacer flores, sino para empapar lágrimas.

Sobrino: ¿Qué me aconseja usted?

Tía: Que te vayas. Piensa que tu padre es hermano mío. Aquí no eres más que un paseante de los jardinillos, y allí serás un labrador.

Sobrino: Pero es que yo quisiera…

Tía: ¿Casarte? ¿Estás loco? Cuando tengas tu porvenir hecho. Y llevarte a Rosita, ¿no? Tendrías que saltar por encima de mí y de tu tío.

Sobrino: Todo es hablar. Demasiado sé que no puedo. Pero yo quiero que Rosita me espere. Porque volveré pronto.

Tía: Si antes no pegas la hebra con una tucumana. La lengua se me debió pegar en el cielo de la boca antes de consentir tu noviazgo; porque mi niña se queda sola en estas cuatro paredes, y tú te vas libre por el mar, por aquellos ríos, por aquellos bosques de toronjas, y mi niña, aquí, un día igual a otro, y tú, allí; el caballo y la escopeta para tirar al faisán.

Sobrino: No hay motivo para que me hable usted de esa manera. Yo di mi palabra y la cumpliré. Por cumplir su palabra está mi padre en América, y usted sabe…

Tía: *(Suave.)* Calla.

Sobrino: Callo. Pero no confunda usted el respeto con la falta de vergüenza.

Tía: *(Con ironía andaluza.)* ¡Perdona, perdona! Se me había olvidado que ya eras un hombre.

Ama: *(Entra llorando.)* Si fuera un hombre, no se iría.

Tía: *(Llorando.)* ¡Silencio!

(El ama llora con grandes sollozos.)

Sobrino: Volveré dentro de unos instantes. Dígaselo usted.

Tía: Descuida. Los viejos son los que tienen que llevar los malos ratos.

(Sale el sobrino.)

Ama: ¡Ay, qué lástima de mi niña! ¡Ay, qué lástima! ¡Ay, qué lástima! ¡Estos son los hombres de ahora! Pidiendo ochavitos por las calles me quedo yo al lado de esta prenda. Otra vez vienen los llantos a esta casa. ¡Ay, señora! (Reaccionando.) ¡Ojalá se lo coma la serpiente del mar!

Tía: ¡Dios dirá!

Ama: Por el ajonjolí,
por las tres santas preguntas
y la flor de la canela,
tenga malas noches
y malas sementeras.
Por el pozo de San Nicolás
se le vuelva veneno la sal.

(Coge un jarro de agua y hace una cruz en el suelo.)

Tía: No maldigas. Vete a tu hacienda.

(Sale el ama. Se oyen risas. La tía se va.)

Manola 1ª: *(Entrando y cerrando la sombrilla.)* ¡Ay!
Manola 2ª: *(Igual.)* ¡Ay, qué fresquito!
Manola 3ª: *(Igual.)* ¡Ay!
Rosita: *(Igual.)* ¿Para quién son los suspiros
de mis tres lindas manolas?
Manola 1ª: Para nadie.
Manola 2ª: Para el viento.
Manola 3ª: Para un galán que me ronda.
Rosita: ¿Qué manos recogerán
los ayes de vuestra boca?
Manola 1ª: La pared.
Manola 2ª: Cierto retrato.
Manola 3ª: Los encajes de mi colcha.
Rosita: También quiero suspirar.
¡Ay, amigas! ¡Ay, manolas!

Manola 1ª: ¿Quién los recoge?
Rosita: Dos ojos
que ponen blanca la sombra,
cuyas pestañas son parras,
donde se duerme la aurora.
Y, a pesar de negros, son
dos tardes con amapolas.
Manola 1ª: ¡Ponle una cinta al suspiro!
Manola 2ª: ¡Ay!
Manola 3ª: Dichosa tú.
Manola 1ª: ¡Dichosa!
Rosita: No me engañéis, que yo sé
cierto rumor de vosotras.
Manola 1ª: Rumores son jaramagos.
Manola 2ª: Y estribillos de las ollas.
Rosita: Lo voy a decir…
Manola 1ª: Empieza.
Manola 3ª: Los rumores son coronas.
Rosita: Granada, calle de Elvira,
donde viven las manolas,
las que se van a la Alhambra,
las tres y las cuatro solas.
Una vestida de verde,
otra de malva, y la otra,
un corselete escocés
con cintas hasta la cola.
Las que van delante, garzas;
la que va detrás, paloma;
abren por las alamedas

muselinas misteriosas.
¡Ay, qué oscura está la Alhambra!
¿Adónde irán las manolas
mientras sufren en la umbría
el surtidor y la rosa?
¿Qué galanes las esperan?
¿Bajo qué mirto reposan?
¿Qué manos roban perfumes
a sus dos flores redondas?
Nadie va con ellas, nadie;
dos garzas y una paloma.
Pero en el mundo hay galanes
que se tapan con las hojas.
La catedral ha dejado
bronces que la brisa toma.
El Genil duerme a sus bueyes
y el Dauro a sus mariposas.
La noche viene cargada
con sus colinas de sombra;
una enseña los zapatos
entre volantes de blonda;
la mayor abre sus ojos
y la menor los entorna.
¿Quién serán aquellas tres
de alto pecho y larga cola?
¿Por qué agitan los pañuelos?
¿Adónde irán a estas horas?
Granada, calle de Elvira,
donde viven las manolas,

las que se van a la Alhambra,
las tres y las cuatro solas.
Manola 1ª: Deja que el rumor
extienda sobre Granada sus olas.
Manola 2ª: ¿Tenemos novio?
Rosita: Ninguna.
Manola 2ª: ¿Digo la verdad?
Rosita: Sí, toda.
Manola 3ª: Encajes de escarcha tienen
nuestras camisas de novia.
Rosita: Pero…
Manola 1ª: La noche nos gusta.
Rosita: Pero…
Manola 2ª: Por calles en sombra.
Manola 1ª: Nos subimos a la Alhambra
las tres y las cuatro solas.
Manola 3ª: ¡Ay!
Manola 2ª: Calla.
Manola 3ª: ¿Por qué?
Manola 2ª: ¡Ay!
Manola 1ª: ¡Ay, sin que nadie lo oiga!
Rosita: Alhambra, jazmín de pena
donde la luna reposa.
Ama: Niña, tu tía te llama. *(Muy triste.)*
Rosita: ¿Has llorado?
Ama: *(Conteniéndose.)* No… es que tengo así, una cosa que…
Rosita: No me asustes. ¿Qué pasa? *(Entra rápida, mirando hacia el ama. Cuando entra Rosita, el ama rompe a llorar en silencio.)*

Manola 1ª: *(En voz alta.)* ¿Qué ocurre?

Manola 2ª: Dinos.

Ama: Callad.

Manola 3ª: *(En voz baja.)* ¿Malas noticias? *(El ama las lleva a la puerta y mira por donde salió Rosita.)*

Ama: ¡Ahora se lo está diciendo! *(Pausa, en que todas oyen.)*

Manola 1ª: Rosita está llorando; vamos a entrar.

Ama: Venid y os contaré. ¡Dejadla ahora! Podéis salir por el postigo. *(Salen.)*

(Queda la escena sola. Un piano lejísimo toca un estudio de Cerny. Pausa. Entra el primo, y al llegar al centro de la habitación se detiene porque entra Rosita. Quedan los dos mirándose frente a frente. El primo avanza. La enlaza por el talle. Ella inclina la cabeza sobre su hombro.)

Rosita: ¿Por qué tus ojos traidores
con los míos se fundieron?
¿Por qué tus manos tejieron,
sobre mi cabeza, flores?
¡Que luto de ruiseñores
dejas a mi juventud,
pues, siendo norte y salud
tu figura y tu presencia,
rompes con tu cruel ausencia
las cuerdas de mi laúd!

Primo: *(La lleva a un «vis-a-vis» y se sientan.)*

¡Ay, prima, tesoro mío!,
ruiseñor en la nevada,
deja tu boca cerrada
al imaginario frío;
no es de hielo mi desvío,
que, aunque atraviesa la mar,
el agua me ha de prestar
nardos de espuma y sosiego
para contener mi fuego
cuando me vaya a quemar.

Rosita: Una noche, adormilada
en mi balcón de jazmines,
vi bajar dos querubines
a una rosa enamorada;
ella se puso encarnada
siendo blanco su color;
pero, como tierna flor,
sus pétalos encendidos
se fueron cayendo heridos
por el beso del amor.
Así yo, primo inocente,
en mi jardín de arrayanes
daba al aire mis afanes
y mi blancura a la fuente.
Tierna gacela imprudente
alcé los ojos, te vi
y en mi corazón sentí
agujas estremecidas
que me están abriendo heridas

rojas como el alhelí
Primo: He de volver, prima mía,
para llevarte a mi lado
en barco de oro cuajado
con las velas de alegría;
luz y sombra, noche y día,
sólo pensaré en quererte.
Rosita: Pero el veneno que vierte
amor, sobre el alma sola,
tejerá con tierra y ola
el vestido de mi muerte.
Primo: Cuando mi caballo lento
coma tallos con rocío,
cuando la niebla del río
empañe el muro del viento,
cuando el verano violento
ponga el llano carmesí
y la escarcha deje en mí
alfileres de lucero,
te digo, porque te quiero,
que me moriré por ti.
Rosita: Yo ansío verte llegar
una tarde por Granada
con toda la luz salada
por la nostalgia del mar;
amarillo limonar,
jazminero desangrado,
por las piedras enredado
impedirán tu camino,

y nardos en remolino
pondrán loco mi tejado,
¿Volverás?
Primo: Sí. ¡Volveré!
Rosita: ¿Qué paloma iluminada
me anunciará tu llegada?
Primo: El palomo de mi fe.
Rosita: Mira que yo bordaré
sábanas para los dos.
Primo: Por los diamantes de Dios
y el clavel de su costado,
juro que vendré a tu lado.
Rosita: ¡Adiós, primo!
Primo: ¡Prima, adiós!

(Se abrazan en el «vis-a-vis». Lejos se oye el piano. El primo sale. Rosita queda llorando. Aparece el tío, que cruza la escena hacia el invernadero. Al ver a su tío, Rosita coge el libro de las rosas que está al alcance de su mano.)

Tío: ¿Qué hacías?
Rosita: Nada.
Tío: ¿Estabas leyendo?
Rosita: Sí. *(Sale el tío. Leyendo.)*
Cuando se abre en la mañana
roja como sangre está;
el rocío no la toca
porque se teme quemar.

Abierta en el mediodía
es dura como el coral,
el sol se asoma a los vidrios
para verla relumbrar.
Cuando en las ramas empiezan
los pájaros a cantar
y se desmaya la tarde
en las violetas del mar,
se pone blanca, con blanco
de una mejilla de sal;
y cuando toca la noche
blando cuerno de metal
y las estrellas avanzan
mientras los aires se van,
en la raya de lo oscuro
se comienza a deshojar.

Telón

Acto segundo

Salón de la casa de doña Rosita. Al fondo el jardín

Señor X: Pues yo siempre seré de este siglo.

Tío: El siglo que acabamos de empezar será un siglo materialista.

Señor X: Pero de mucho más adelanto que el que se fue. Mi amigo, el señor Longoria, de Madrid, acaba de comprar un automóvil con el que se lanza a la fantástica velocidad de treinta kilómetros por hora; y el sha de Persia, que por cierto es un hombre muy agradable, ha comprado también un Panhard Levassor de veinticuatro caballos.

Tío: Y digo yo: ¿adónde van con tanta prisa? Ya ve usted lo que ha pasado en la carrera París-Madrid, que ha habido que suspenderla, porque antes de llegar a Burdeos se mataron todos los corredores.

Señor X: El conde Zboronsky, muerto en el accidente, y Marcel Renault, o Renol, que de ambas maneras suele y puede decirse, muerto también en el accidente, son mártires de la ciencia, que serán puestos en los altares el día en que venga la religión de lo positivo. A Renol lo conocí bastante. ¡Pobre Marcelo!

Tío: No me convencerá usted. *(Se sienta.)*

Señor X: *(Con el pie puesto en la silla y jugando con el bastón.)* Superlativamente; aunque un catedrático de Economía Política no puede discutir con un cultivador de rosas. Pero hoy día, créame usted, no privan los quietísmos ni las ideas «oscurantistas». Hoy día se abren camino un Juan Bautista Say, o Se, que de ambas maneras suele y puede decirse, o un conde León Tulstuá, vulgo Tolstoi, tan galán en la forma como profundo en el concepto, yo me siento en la Polis viviente; no soy partidario de la Natura Naturata.

Tío: Cada uno vive como puede o como sabe en esta vida diaria.

Señor X: Está entendido, la Tierra es un planeta mediocre, pero hay que ayudar a la civilización. Si Santos Dumont, en vez de estudiar Meteorología comparada, se hubiera dedicado a cuidar rosas, el aeróstato dirigible estaría en el seno de Brahma.

Tío: *(Disgustado.)* La botánica también es una ciencia.

Señor X: *(Despectivo.)* Sí, pero aplicada; para estudiar jugos de la Anthemis olorosa, o el ruibarbo, o la enorme pulsátila, o el narcótico de la Datura Stramonium.

Tío: *(Ingenuo.)* ¿Le interesan a usted esas plantas?

Señor X: No tengo el suficiente volumen de experiencia sobre ellas. Me interesa la cultura, que es distinto. «Voilá». *(Pausa.)* ¿Y… Rosita?

Tío: ¿Rosita? *(Pausa. En voz alta.)* ¡Rosita!..

Voz: *(Dentro.)* No está.

Tío: No está.

Señor X: Lo siento.

Tío: Yo también. Como es su santo, habrá salido a rezar los cuarenta credos.

Señor X: Le entrega usted de mi parte este pendentif. Es una Torre Eiffel de nácar sobre dos palomas que llevan en sus picos la rueda de la industria.

Tío: Lo agradecerá mucho.

Señor X: Estuve por haberla traído un cañoncito de plata por cuyo agujero se veía la Virgen de Lurdes, o Lourdes, o una hebilla para el cinturón hecha con una serpiente y cuatro libélulas, pero preferí lo primero por ser de más gusto.

Tío: Gracias.

Señor X: Encantado de su favorable acogida.

Tío: Gracias.

Señor X: Póngame a los pies de su señora esposa.

Tío: Muchas gracias.

Señor X: Póngame a los pies de su encantadora sobrinita, a la que deseo venturas en su celebrado onomástico.

Tío: Mil gracias.

Señor X: Considéreme seguro servidor suyo.

Tío: Un millón de gracias.

Señor X: Vuelvo a repetir…

Tío: Gracias, gracias, gracias.

Señor X: Hasta siempre. *(Se va.)*

Tío: *(A voces.)* Gracias, gracias, gracias.

Ama: *(Sale riendo.)* No sé cómo tiene usted paciencia. Con este señor y con el otro, don Confucio Montes de Oca, bautizado en la logia número cuarenta y tres, va a arder la casa un día.

Tío: Te he dicho que no me gusta que escuches las conversaciones.

Ama: Eso se llama ser desagradecido. Estaba detrás de la puerta, sí, señor, pero no era para oír, sino para poner una escoba boca arriba y que el señor se fuera.

Tía: ¿Se fue ya?

Tío: Ya. *(Entra.)*

Ama: ¿También éste pretende a Rosita?

Tía: Pero ¿por qué hablas de pretendientes? ¡No conoces a Rosita!

Ama: Pero conozco a los pretendientes.

Tía: Mi sobrina está comprometida.

Ama: No me haga usted hablar, no me haga usted hablar, no me haga usted hablar, no me haga usted hablar.

Tía: Pues cállate.

Ama: ¿A usted le parece bien que un hombre se vaya y deje quince años plantada a una mujer que es la flor de la manteca? Ella debe casarse. Ya me duelen las manos de guardar mantelerías de encaje de Marsella y juegos de cama adornados de guipure y caminos de mesa y cubrecamas de gasa con flores de realce. Es que ya debe usarlos y romperlos, pero ella no se da cuenta de cómo pasa el tiempo. Tendrá el pelo de plata y todavía estará cosiendo cintas de raso liberti en los volantes de su camisa de novia.

Tía: Pero ¿por qué te metes en lo que no te importa?

Ama: *(Con asombro.)* Pero si no me meto, es que estoy metida.

Tía: Yo estoy segura de que ella es feliz.

Ama: Se lo figura. Ayer me tuvo todo el día acompañándola en la puerta del circo, porque se empeñó en que uno de los titiriteros se parecía a su primo.

Tía: ¿Y se parecía realmente?

Ama: Era hermoso como un novicio cuando sale a cantar la primera misa, pero ya quisiera su sobrino tener aquel talle, aquel cuello de nácar y aquel bigote. No se parecía nada. En la familia de ustedes no hay hombres guapos.

Tía: ¡Gracias, mujer!

Ama: Son todos bajos y un poquito caídos de hombros.

Tía: ¡Vaya!

Ama: Es la pura verdad, señora. Lo que pasó es que a Rosita le gustó el saltimbanqui, como me gustó a mí y como le gustaría a usted. Pero ella lo achaca todo al otro. A veces me gustaría tirarle un zapato a la cabeza. Porque de tanto mirar al cielo se le van a poner los ojos de vaca.

Tía: Bueno; y punto final. Bien está que la zafia hable, pero que no ladre.

Ama: No me echará usted en cara que no la quiero.

Tía: A veces me parece que no.

Ama: El pan me quitaría de la boca y la sangre de las venas, si ella me los deseara.

Tía: *(Fuerte.)* ¡Pico de falsa miel! ¡Palabras!

Ama: *(Fuerte.)* ¡Y hechos! Lo tengo demostrado, ¡y hechos! La quiero más que usted.

Tía: Eso es mentira.

Ama: *(Fuerte.)* ¡Eso es verdad!

Tía: ¡No me levantes la voz!

Ama: *(Alto.)* Para eso tengo la campanilla de la lengua.

Tía: ¡Cállese, mal educada!

Ama: Cuarenta años llevo al lado de usted.

Tía: *(Casi llorando.)* ¡Queda usted despedida!

Ama: *(Fortísimo.)* ¡Gracias a Dios que la voy a perder de vista!

Tía: *(Llorando.)* ¡A la calle inmediatamente!

Ama: *(Rompiendo a llorar.)* ¡A la calle! *(Se dirige llorando a la puerta y al entrar se le cae un objeto. Las dos están llorando.) (Pausa.)*

Tía: *(Limpiándose las lágrimas y dulcemente.)* ¿Qué se te ha caído?

Ama: *(Llorando.)* Un portatermómetro, estilo Luis Quince.

Tía: ¿Sí?

Ama: Sí, señora. *(Llora.)*

Tía: ¿A ver?

Ama: Para el santo de Rosita. *(Se acerca.)*

Tía: *(Sorbiendo.)* Es una preciosidad.

Ama: *(Con voz de llanto.)* En medio del terciopelo hay una fuente hecha con caracoles de verdad; sobre la fuente, una glorieta de alambre con rosas verdes; el agua de la taza es un grupo de lentejuelas azules, y el surtidor es el propio termómetro. Los charcos que hay alrededor están pintados al aceite, y encima de ellos bebe un ruiseñor todo bordado con hilo de oro. Yo quise que tuviera cuerda y cantara, pero no pudo ser.

Tía: No pudo ser.

Ama: Pero no hace falta que cante. En el jardín los tenemos vivos.

Tía: Es verdad. *(Pausa.)* ¿Para qué te has metido en esto?

Ama: *(Llorando.)* Yo doy todo lo que tengo por Rosita.

Tía: ¡Es que tú la quieres como nadie!

Ama: Pero después de usted.

Tía: No. Tú le has dado tu sangre.

Ama: Usted le ha sacrificado su vida.

Tía: Pero yo lo he hecho por deber y tú por generosidad.

Ama: *(Más fuerte.)* ¡No diga usted eso!

Tía: Tú has demostrado quererla más que nadie.

Ama: Yo he hecho lo que haría cualquiera en mi caso. Una criada. Ustedes me pagan y yo sirvo.

Tía: Siempre te hemos considerado como de la familia.

Ama: Una humilde criada que da lo que tiene y nada más.

Tía: Pero ¿me vas a decir que nada más?

Ama: ¿Y soy otra cosa?

Tía: *(Irritada.)* Eso no lo puedes decir aquí. Me voy por no oírte.

Ama: *(Irritada.)* Y yo también. *(Salen rápidas una por cada puerta. Al salir, la tía se tropieza con el tío.)*

Tío: De tanto vivir juntas, los encajes se os hacen espinas.

Tía: Es que quiere salirse siempre con la suya.

Tío: No me expliques, ya me lo sé todo de memoria… Y sin embargo no puedes estar sin ella. Ayer oí cómo le explicabas con todo detalle nuestra cuenta corriente en el Banco. No te sabes quedar en tu sitio. No me parece conversación lo más a propósito para una criada.

Tía: Ella no es una criada.

Tío: *(Con dulzura.)* Basta, basta, no quiero llevarte la contraria.

Tía: Pero ¿es que conmigo no se puede hablar?

Tío: Se puede, pero prefiero callarme.

Tía: Aunque te quedes con tus palabras de reproche.

Tío: ¿Para qué voy a decir nada a estas alturas? Por no discutir soy capaz de hacerme la cama, de limpiar mis trajes con jabón de palo y cambiar las alfombras de mi habitación.

Tía: No es justo que te des ese aire de hombre superior y mal servido, cuando todo en esta casa está supeditado a tu comodidad y a tus gustos.

Tío: *(Dulce.)* Al contrario, hija.

Tía: *(Seria.)* Completamente. En vez de hacer encajes, podo las plantas. ¿Qué haces tú por mí?

Tío: Perdona. Llega un momento en que las personas que viven juntas muchos años hacen motivo de disgusto y de inquietud las cosas más pequeñas, para poner intensidad y afanes en lo que está definitivamente muerto. Con veinte años no teníamos estas conversaciones.

Tía: No. Con veinte años se rompían los cristales…

Tío: Y el frío era un juguete en nuestras manos.

(Aparece Rosita. Viene vestida de rosa. Ya la moda ha cambiado de mangas de jamón a 1900. Falda en forma de campanela. Atraviesa la escena, rápida, con unas tijeras en la mano. En el centro se para.)

Rosita: ¿Ha llegado el cartero?

Tío: ¿Ha llegado?

Tía: No sé. *(A voces.)* ¿Ha llegado el cartero? *(Pausa.)* No, todavía no.

Rosita: Siempre pasa a estas horas.

Tío: Hace rato debió llegar.

Tía: Es que muchas veces se entretiene.

Rosita: El otro día me lo encontré jugando al uni-

uni-doli-doli con tres chicos y todo el montón de cartas en el suelo.

Tía: Ya vendrá.

Rosita: Avisadme. *(Sale rápida)*

Tío: Pero ¿dónde vas con esas tijeras?

Rosita: Voy a cortar unas rosas.

Tío: *(Asombrado.)* ¿Cómo? ¿Y quién te ha dado permiso?

Tía: Yo. Es el día de su santo.

Rosita: Quiero poner en las jardineras y en el florero de la entrada.

Tío: Cada vez que cortáis una rosa es como si me cortaseis un dedo. Ya sé que es igual. *(Mirando a su mujer.)* No quiero discutir. Sé que duran poco. *(Entra el ama.)* Así lo dice el vals de las rosas, que es una de las composiciones mas bonitas de estos tiempos, pero no puedo reprimir el disgusto que me produce verlas en los búcaros. *(Sale de escena.)*

Rosita: *(Al ama.)* ¿Vino el correo?

Ama: Pues para lo único que sirven las rosas es para adornar las habitaciones.

Rosita: *(Irritada.)* Te he preguntado si ha venido el correo.

Ama: *(Irritada.)* ¿Es que me guardo yo las cartas cuando vienen?

Tía: Anda, corta las flores.

Rosita: Para todo hay en esta casa una gotita de acíbar.

Ama: Nos encontramos el rejalgar por los rincones. *(Sale de escena.)*

Tía: ¿Estas contenta?

Rosita: No sé.

Tía: ¿Y eso?

Rosita: Cuando no veo la gente estoy contenta, pero como la tengo que ver…

Tía: ¡Claro! No me gusta la vida que llevas. Tu novio no te exige que seas hurona. Siempre me dice en las cartas que salgas.

Rosita: Pero es que en la calle noto cómo pasa el tiempo, y no quiero perder las ilusiones. Ya han hecho otra casa nueva en la placeta. No quiero enterarme de cómo pasa el tiempo.

Tía: ¡Claro! Muchas veces te he aconsejado que escribas a tu primo y que te cases aquí con otro. Tú eres alegre. Yo sé que hay muchachos y hombres maduros enamorados de ti.

Rosita: ¡Pero, tía! Tengo las raíces muy hondas, muy bien hincadas en mi sentimiento. Si no viera a la gente, me creería que hace una semana que se marchó. Yo espero como el primer día. Además, ¿qué es un año, ni dos, ni cinco? *(Suena una campanilla.)* El correo.

Tía: ¿Qué te habrá mandado?

Ama: *(Entrando en escena.)* Ahí están las solteronas cursilonas.

Tía: ¡María Santísima!

Rosita: Que pasen.

Ama: La madre y las tres niñas. Lujo por fuera y para la boca unas malas migas de maíz. ¡Qué azotazo en el… les daba…! *(Sale de escena.)*

(Entran las tres cursilonas y su mamá. Las tres solteronas vienen con inmensos sombreros de plumas malas, trajes exageradísimos, guantes hasta el codo con pulseras encima y abanicos pendientes de largas cadenas. La madre viste de negro pardo con un sombrero de viejas cintas moradas.)

Madre: Felicidades. *(Se besan.)*

Rosita: Gracias. *(Besa a las solteronas.)* ¡Amor! ¡Caridad! ¡Clemencia!

Soltera 1ª: Felicidades.

Soltera 2ª: Felicidades.

Soltera 3ª: Felicidades.

Tía: *(A la madre.)* ¿Cómo van esos pies?

Madre: Cada vez peor. Si no fuera por éstas, estaría siempre en casa. *(Se sientan.)*

Tía: ¿No se da usted las friegas con alhucemas?

Soltera 1ª: Todas las noches.

Soltera 2ª: Y el cocimiento de malvas.

Tía: No hay reuma que resista. *(Pausa.)*

Madre: ¿Y su esposo?

Tía: Está bien, gracias. *(Pausa.)*

Madre: Con sus rosas.

Tía: Con sus rosas.

Soltera 3ª: ¡Qué bonitas son las flores!

Soltera 2ª: Nosotras tenemos en una maceta un rosal de San Francisco.

Rosita: Pero las rosas de San Francisco no huelen.

Soltera 1ª: Muy poco.

Madre: A mí lo que mas me gusta son las celindas.

Soltera 3ª: Las violetas son también preciosas. *(Pausa.)*

Madre: Niñas, ¿habéis traído la tarjeta?

Soltera 3ª: Si. Es una niña vestida de rosa, que al mismo tiempo es barómetro. El fraile con la capucha está ya muy visto. Según la humedad, las faldas de la niña, que son de papel finísimo, se abren o se cierran.

Rosita: *(Leyendo.)* Una mañana en el campo
cantaban los ruiseñores
y en su cántico decían:
"Rosita, de las mejores."
¿Para qué se han molestado ustedes?

Tía: Es de mucho gusto.

Madre: ¡Gusto no me falta; lo que me falta es dinero!

Soltera 1ª: ¡Mamá...!

Soltera 2ª: ¡Mamá...!

Soltera 3ª: ¡Mamá...!

Madre: Hijas, aquí tengo confianza. No nos oye nadie. Pero usted lo sabe muy bien: desde que faltó mi pobre marido hago verdaderos milagros para administrar la pensión que nos queda. Todavía me parece oír al padre de estas hijas cuando, generoso y caballero como era, me decía: "Enriqueta, gasta, gasta, que yo gano setenta duros"; ¡pero aquellos tiempos pasaron! A pesar de todo, nosotras no hemos descendido de clase. ¡Y qué angustia he pasado, señora, para que estas hijas puedan seguir usando sombrero! ¡Cuántas lágrimas, cuántas tristezas por una cinta o un grupo de bucles! Esas plumas y esos alambres me tienen costado muchas noches en vela.

Soltera 3ª: ¡Mamá…!

Madre: Es la verdad, hija mía. No nos podemos extralimitar lo más mínimo. Muchas veces les pregunto: "¿Qué queréis, hijas de mi alma: huevo en el almuerzo o silla en el paseo?" Y ellas me responden las tres a la vez: "Sillas."

Soltera 3ª: Mamá, no comentes más esto. Todo Granada lo sabe.

Madre: Claro, ¿qué van a contestar? Y allá vamos con unas patatas y un racimo de uvas, pero con capa de mongolia o sombrilla pintada o blusa de popelinette, con todos los detalles. Porque no hay más remedio. ¡Pero a mi me cuesta la vida! Y se me llenan los ojos de lágrimas cuando las veo alternar con las que pueden.

Soltera 2ª: ¿No vas ahora a la Alameda, Rosita?

Rosita: No.

Soltera 3ª: Allí nos reunimos siempre con las de Ponce de León, con las de Herrasti y con las de la baronesa de Santa Matilde de la Bendición Papal. Lo mejor de Granada.

Madre: ¡Claro! Estuvieron juntas en el colegio de la Puerta del Cielo. *(Pausa.)*

Tía: *(Levantándose.)* Tomarán ustedes algo. *(Se levantan todas.)*

Madre: No hay manos como las de usted para el piñonate y el pastel de gloria.

Soltera 1ª: *(A Rosita.)* ¿Tienes noticias?

Rosita: El último correo me prometía novedades. Veremos a ver éste.

Soltera 3ª: ¿Has terminado el juego de encajes valenciennes?

Rosita: ¡Toma! Ya he hecho otro de nansú con mariposa a la aguada.

Soltera 2ª: El día que te cases vas a llevar el mejor ajuar del mundo.

Rosita: ¡Ay, yo pienso que todo es poco! Dicen que los hombres se cansan de una si la ven siempre con el mismo vestido.

Ama: *(Entrando.)* Ahí están las de Ayola, el fotógrafo.

Tía: Las señoritas de Ayola, querrás decir.

Ama: Ahí están las señoronas por todo lo alto de Ayola, fotógrafo de Su Majestad y medalla de oro en la exposición de Madrid. *(Sale.)*

Tía: Hay que aguantarla; pero a veces me crispa los nervios. *(Las solteronas están con Rosita viendo unos paños.)* Están imposibles.

Madre: Envalentonadas. Yo tengo una muchacha que nos arregla el piso por las tardes; ganaba lo que han ganado siempre: una peseta al mes y las sobras, que ya está bien en estos tiempos; pues el otro día se nos descolgó diciendo que quería un duro, ¡y yo no puedo!

Tía: No sé dónde vamos a parar. *(Entran las niñas de Ayola, que saludan a Rosita con alegría. Vienen con la moda exageradísima de la época y ricamente vestidas.)*

Rosita: ¿No se conocen ustedes?

Ayola 1ª: De vista.

Rosita: Las señoritas de Ayola, la señora y señoritas de Escarpini.

Ayola 1ª: Ya las vemos sentadas en sus sillas del paseo. *(Disimulan la risa.)*

Rosita: Tomen asiento. *(Se sientan las solteronas.)*

Tía: *(A las de Ayola.)* ¿Queréis un dulcecito?

Ayola 2ª: No; hemos comido hace poco. Por cierto que yo tomé cuatro huevos con picadillo de tomate, y casi no me podía levantar de la silla.

Ayola 1ª: ¡Que graciosa! *(Ríen.)*

(Pausa. Las Ayola inician una risa incontenible que se comunica a Rosita, que hace esfuerzos por contenerse. Las cursilonas y su madre están serias. Pausa.)

Tía: ¡Qué criaturas!

Madre: ¡La juventud!

Tía: Es la edad dichosa.

Rosita: *(Andando por la escena como arreglando cosas.)* Por favor, callarse. *(Se callan.)*

Tía: *(A la soltera 3ª.)* ¿Y ese piano?

Soltera 3ª: Ahora estudio poco. Tengo muchas labores que hacer.

Rosita: Hace mucho tiempo que no te he oído.

Madre: Si no fuera por mí, ya se le habrían engarabitado los dedos. Pero siempre estoy con el tole tole.

Soltera 2ª: Desde que murió el pobre papá no tiene ganas. ¡Como a él le gustaba tanto!

Ayola 2ª: Me acuerdo que algunas veces se le caían las lágrimas.

Soltera 1ª: Cuando tocaba la tarantela de Popper.

Soltera 2ª: Y la plegaria de la Virgen.

Madre: ¡Tenía mucho corazón!

(Las Ayola, que han estado conteniendo la risa, rompen a reír en grandes carcajadas. Rosita, vuelta de espaldas a las solteronas, ríe también, pero se domina.)

Tía: ¡Qué chiquillas!

Ayola 1ª: Nos reímos porque antes de entrar aquí…

Ayola 2ª: Tropezó ésta y estuvo a punto de dar la vuelta de campana…

Ayola 1ª: Y yo… *(Ríen.)*

(Las solteronas inician una leve risa fingida con un matiz cansado y triste.)

Madre: ¡Ya nos vamos!

Tía: De ninguna manera.

Rosita: *(A todas.)* ¡Pues celebremos que no te hayas caído! Ama, trae los huesos de Santa Catalina.

Soltera 3ª: ¡Qué ricos son!

Madre: El año pasado nos regalaron a nosotras medio kilo.

(El ama entra con los huesos.)

Ama: Bocados para gente fina. *(A Rosita.)* Ya viene el correo por los alamillos.

Rosita: ¡Espéralo en la puerta!

Ayola 1ª: Yo no quiero comer. Prefiero una palomilla de anís.

Ayola 2ª: Y yo de agraz.

Rosita: ¡Tú siempre tan borrachilla!

Ayola 1ª: Cuando yo tenía seis años venía aquí y el novio de Rosita me acostumbró a beberlas. ¿No recuerdas, Rosita?

Rosita: *(Seria.)* ¡No!

Ayola 2ª: A mí, Rosita y su novio me enseñaban las letras A, B, C. ¿Cuánto tiempo hace de esto?

Tía: ¡Quince años!

Ayola 1ª: A mí, casi, casi, se me ha olvidado la cara de tu novio.

Ayola 2ª: ¿No tenía una cicatriz en el labio?

Rosita: ¿Una cicatriz? Tía, ¿tenía una cicatriz?

Tía: Pero ¿no te acuerdas, hija? Era lo único que le afeaba un poco.

Rosita: Pero no era una cicatriz; era una quemadura, un poquito rosada. Las cicatrices son hondas.

Ayola 1ª: ¡Tengo una gana de que Rosita se case!

Rosita: ¡Por Dios!

Ayola 2ª: Nada de tonterías. ¡Yo también!

Rosita: ¿Por qué?

Ayola 1ª: Para ir a una boda. En cuanto yo pueda, me caso.

Tía: ¡Niña!

Ayola 1ª: Con quien sea, pero no me quiero quedar soltera.

Ayola 2ª: Yo pienso igual.

Tía: *(A la madre.)* ¿Qué le parece a usted?

Ayola 1ª: ¡Ay! ¡Y si soy amiga de Rosita es porque sé que tiene novio! Las mujeres sin novio están pochas, recocidas, y todas ellas… *(Al ver a las solteras.)* Bueno, todas, no; algunas de ellas… En fin, ¡todas están rabiadas!

Tía: ¡Ea! Ya está bien.

Madre: Déjela.

Soltera 1ª: Hay muchas que no se casan porque no quieren.

Ayola 2ª: Eso no lo creo yo.

Soltera 1ª: *(Con intención.)* Lo sé muy cierto.

Ayola 2ª: La que no se quiere casar deja de echarse

polvos y ponerse postizos debajo de la pechera, y no se está día y noche en las barandillas del balcón atisbando la gente.

Soltera 1ª: ¡Le puede gustar tomar el aire!

Rosita: Pero ¡qué discusión más tonta! *(Ríen forzadamente.)*

Tía: Bueno. ¿Por qué no tocamos un poquito?

Madre: ¡Anda, niña!

Soltera 1ª: *(Levantándose.)* Pero ¿qué toco?

Ayola 2ª: Toca «¡Viva Frascuelo!».

Soltera 2ª: La barcarola de «La fragata Numancia».

Rosita: ¿Y por qué no «Lo que dicen las flores»?

Madre: ¡Ah, sí, «Lo que dicen las flores»! *(A la tía.)* ¿No la ha oído usted? Habla y toca al mismo tiempo. ¡Una preciosidad!

Soltera 3ª: También puedo decir «Volverán las oscuras golondrinas de tu balcón los nidos a colgar».

Ayola 1ª: Eso es muy triste.

Soltera 1ª: Lo triste es bonito también.

Tía: ¡Vamos! ¡Vamos!

Soltera 3ª: *(En el piano.)*

> Madre, llévame a los campos
> con la luz de la mañana
> a ver abrirse las flores
> cuando se mecen las ramas.
> Mil flores dicen mil cosas
> para mil enamoradas,
> y la fuente está contando
> lo que el ruiseñor se calla.

Rosita: Abierta estaba la rosa
con la luz de la mañana;
tan roja de sangre tierna,
que el rocío se alejaba;
tan caliente sobre el tallo,
que la brisa se quemaba;
¡tan alta!, ¡cómo reluce!
¡Abierta estaba!

Soltera 3ª: "Sólo en ti pongo mis ojos",
el heliotropo expresaba.
"No te querré mientras viva",
dice la flor de la albahaca.
"Soy tímida", la violeta.
"Soy fría", la rosa blanca.
Dice el jazmín: "Seré fiel";
y el clavel: "¡Apasionada!"

Soltera 2ª: El jacinto es la amargura;
el dolor, la pasionaria.

Soltera 1ª: El jaramago, el desprecio;
y los lirios, la esperanza.

Tía: Dice el nardo: "Soy tu amigo".
"Creo en ti", la pasionaria.
La madreselva te mece.
la siempreviva te mata.

Madre: Siempreviva de la muerte,
flor de las manos cruzadas;
¡qué bien estas cuando el aire
llora sobre tu guirnalda!

Rosita: Abierta estaba la rosa,

pero la tarde llegaba,
y un rumor de nieve triste
le fue pesando las ramas;
cuando la sombra volvía,
cuando el ruiseñor cantaba,
como una muerta de pena
se puso transida y blanca;
y, cuando la noche, grande
cuerno de metal sonaba
y los vientos enlazados
dormían en la montaña,
se deshojó suspirando
por los cristales del alba.

Soltera 3ª: Sobre tu largo cabello
gimen las flores cortadas.
Unas llevan puñalitos;
otras, fuego, y otras, agua.

Soltera 1ª: Las flores tienen su lengua
para las enamoradas.

Rosita: Son celos el carambuco;
desdén esquivo, la dalia;
suspiros de amor, el nardo;
risa, la gala de Francia.
Las amarillas son odio;
el furor, las encarnadas;
las blancas son casamiento,
y las azules, mortaja.

Soltera 3ª: Madre, llévame a los campos
con la luz de la mañana,

a ver abrirse las flores
cuando se mecen las ramas.

(El piano hace la última escala y se para.)

Tía: ¡Ay, qué preciosidad!

Madre: Saben también el lenguaje del abanico, el lenguaje de los guantes, el lenguaje de los sellos y el lenguaje de las horas. A mí se me pone la carne de gallina cuando dicen aquello:

Las doce dan sobre el mundo
con horrísono rigor;
de la hora de tu muerte
acuérdate, pecador.

Ayola 1ª: *(Con la boca llena de dulce.)* ¡Qué cosa más fea!

Madre: Y cuando dicen:
A la una nacemos,
la, ra, la, la,
y este nacer,
la, la, ran,
es como abrir los ojos,
lan,
en un vergel,
vergel, vergel.

Ayola 2ª: *(A su hermana.)* Me parece que la vieja ha empinado el codo. *(A la madre.)* ¿Quiere otra copita?

Madre: Con sumo gusto y fina voluntad, como se decía en mi época.

(Rosita ha estado espiando la llegada del correo.)

Ama: ¡El correo!

(Algazara general.)

Tía: Y ha llegado justo.
Soltera 3ª: Ha tenido que contar los días para que llegue hoy.
Madre: ¡Es una fineza!
Ayola 2ª: ¡Abre la carta!
Ayola 1ª: Más discreto es que la leas tú sola, porque a lo mejor te dice algo verde.
Madre: ¡Jesús!

(Sale Rosita con la carta.)

Ayola 1ª: Una carta de un novio no es un devocionario.
Soltera 3ª: Es un devocionario de amor.
Ayola 2ª: ¡Ay, qué finoda! *(Ríen las Ayola.)*
Ayola 1ª: Se conoce que no ha recibido ninguna.
Madre: *(Fuerte.)* ¡Afortunadamente para ella!
Ayola 1ª: Con su pan se lo coma.
Tía: *(Al ama, que va a entrar con Rosita.)* ¿Dónde vas tú?

Ama: ¿Es que no puedo dar un paso?
Tía: ¡Déjala a ella!
Rosita: *(Saliendo.)* ¡Tía! ¡Tía!
Tía: Hija, ¿qué pasa?
Rosita: *(Con agitación.)* ¡Ay, tía!
Ayola 1ª: ¿Qué?
Soltera 3ª: ¡Dinos!
Ayola 2ª: ¿Qué?
Ama: ¡Habla!
Tía: ¡Rompe!
Madre: ¡Un vaso de agua!
Ayola 2ª: ¡Venga!
Ayola 1ª: Pronto.

(Algazara.)

Rosita: *(Con voz ahogada.)* Que se casa… *(Espanto en todos.)* Que se casa conmigo, porque ya no puede más, pero que…
Ayola 2ª: *(Abrazándola.)* ¡Olé! ¡Qué alegría!
Ayola 1ª: ¡Un abrazo!
Tía: Dejadla hablar.
Rosita: *(Más calmada.)* Pero como le es imposible venir por ahora, la boda será por poderes y luego vendrá él.
Soltera 1ª: ¡Enhorabuena!
Madre: *(Casi llorando.)* ¡Dios te haga lo feliz que mereces! *(La abraza.)*
Ama: Bueno, y "poderes", ¿qué es?

Rosita: Nada. Una persona representa al novio en la ceremonia.

Ama: ¿Y qué más?

Rosita: ¡Que está una casada!

Ama: Y por la noche, ¿qué?

Rosita: ¡Por Dios!

Ayola 1ª: Muy bien dicho. Y por la noche, ¿qué?

Tía: ¡Niñas!

Ama: ¡Que venga en persona y se case." ¡"Poderes"! No lo he oído decir nunca. La cama y sus pinturas temblando de frío, y la camisa de novia en lo más oscuro del baúl. Señora, no deje usted que los "poderes" entren en esta casa. *(Ríen todos.)* ¡Señora, que yo no quiero "poderes"!

Rosita: Pero él vendrá pronto. ¡Esto es una prueba más de lo que me quiere!

Ama: ¡Eso! ¡Que venga y que te coja del brazo y que menee el azúcar de tu café y lo pruebe a ver si quema. *(Risas.)*

(Aparece el tío con una rosa.)

Rosita: ¡Tío!

Tío: Lo he oído todo, y casi sin darme cuenta he cortado la única rosa mudable que tenía en mi invernadero. Todavía estaba roja, abierta en el mediodía, es roja como el coral.

Rosita: El sol se asoma a los vidrios
para verla relumbrar.

Tío: Si hubiera tardado dos horas más en cortarla te la hubiese dado blanca.

Rosita: Blanca como la paloma
como la risa del mar;
blanca como el blanco frío
de una mejilla de sal.

Tío: Pero todavía, todavía tiene la brasa de su juventud.

Tía: Bebe conmigo una copita, hombre. Hoy es día de que lo hagas.

(Algazara. La soltera 3ª se sienta al piano y toca una polka. Rosita está mirando la rosa. Las Solteronas 2ª y 1ª bailan con las Ayolas y cantan.)

Porque mujer te vi
a la orilla del mar,
tu dulce languidez
me hacía suspirar,
y aquel dulzor sutil
de mi ilusión fatal
a la luz de la luna
lo viste naufragar.

(La tía y el tío bailan. Rosita se dirige a la pareja soltera 2ª y Ayola 2ª. Baila con la soltera 2ª. La Ayola 2ª bate palmas al ver a los viejos y el ama al entrar hace el mismo juego.)

Telón

Acto tercero

Sala baja de ventanas con persianas verdes que dan al Jardín del Carmen. Hay un silencio en la escena. Un reloj da las seis de la tarde. Cruza la escena el ama con un cajón y una maleta. Han pasado diez años. Aparece la tía y se sienta en una silla baja, en el centro de la escena. Silencio. El reloj vuelve a dar las seis. Pausa.

Ama: *(Entrando.)* La repetición de las seis.

Tía: ¿Y la niña?

Ama: Arriba, en la torre. Y usted, ¿dónde estaba?

Tía: Quitando las últimas macetas del invernadero.

Ama: No la he visto en toda la mañana.

Tía: Desde que murió mi marido está la casa tan vacía que parece el doble de grande, y hasta tenemos que buscarnos. Algunas noches, cuando toso en mi cuarto, oigo un eco como si estuviera en una iglesia.

Ama: Es verdad que la casa resulta demasiado grande.

Tía: Y luego..., si él viviera, con aquella claridad que tenía, con aquel talento *(Casi llorando.)*

Ama: *(Cantando.)* Lan-lan-van-lan-lan... No, señora, llorar no lo consiento. Hace ya seis años que murió y no quiero que esté usted como el primer día. ¡Bastante lo hemos llorado! ¡A pisar firme, señora! ¡Salga el sol por las esquinas! ¡Que nos espere muchos años todavía cortando rosas!

Tía: *(Levantándose.)* Estoy muy viejecita, ama. Tenemos encima una ruina muy grande.

Ama: No nos faltará. ¡También yo estoy vieja!

Tía: ¡Ojalá tuviera yo tus años!

Ama: Nos llevamos poco, pero como yo he trabajado mucho, estoy engrasada, y usted, a fuerza de poltrona, se le han engarabitado las piernas.

Tía: ¿Es que te parece que yo no he trabajado?

Ama: Con las puntillas de los dedos, con hilos, con tallos, con confituras; en cambio, yo he trabajado con las espaldas, con las rodillas, con las uñas.

Tía: Entonces, gobernar una casa ¿no es trabajar?

Ama: Es mucho más difícil fregar sus suelos.

Tía: No quiero discutir.

Ama: ¿Y por qué no? Así pasamos el rato. Ande. Replíqueme. Pero nos hemos quedado mudas. Antes se daban voces. Que si esto, que si lo otro, que si las natillas, que si no planches más…

Tía: Yo ya estoy entregada, y un día sopas, otro día migas, mi vasito de agua y mi rosario en el bolsillo, esperaría la muerte con dignidad… ¡Pero cuando pienso en Rosita!

Ama: ¡Esa es la llaga!

Tía: *(Enardecida.)* Cuando pienso en la mala acción que le han hecho y en el terrible engaño mantenido y en la falsedad del corazón de ese hombre, que no es de mi familia ni merece ser de mi familia, quisiera tener veinte años para tomar un vapor y llegar a Tucumán y coger un látigo…

Ama: *(Interrumpiéndola.)* … y coger una espada y cortarle la cabeza y machacársela con dos piedras y cortarle la mano del falso juramento y las mentirosas escrituras de cariño.

Tía: Sí; sí; que pagara con sangre lo que sangre ha costado, aunque toda sea sangre mía, y después…

Ama: … aventar las cenizas sobre el mar.

Tía: Resucitarlo y traerlo con Rosita para respirar satisfecha con la honra de los míos.

Ama: Ahora me dará usted la razón.

Tía: Te la doy.

Ama: Allí encontró la rica que iba buscando y se casó, pero debió decirlo a tiempo. Porque ¿quién quiere ya a esta mujer? ¡Ya está pasada! Señora, ¿y no le podríamos mandar una carta envenenada, que se muriera de repente al recibirla?

Tía: ¡Qué cosas! Ocho años lleva de matrimonio, y hasta el mes pasado no me escribió el canalla la verdad. Yo notaba algo en las cartas; los poderes que no venían, un aire dudoso… no se atrevía, pero al fin lo hizo. ¡Claro que después que su padre murió! Y esta criatura…

Ama: ¡Chist…!

Tía: Y recoge las dos orzas.

(Aparece Rosita. Viene vestida de un rosa claro con moda del 1910. Entra peinada de bucles. Está muy avejentada.)

Ama: ¡Niña!
Rosita: ¿Qué hacéis?
Ama: Criticando un poquito. Y tú, ¿dónde vas?
Rosita: Voy al invernadero. ¿Se llevaron ya las macetas?
Tía: Quedan unas pocas.

(Sale Rosita. Se limpian las lágrimas las dos mujeres.)

Ama: ¿Y ya está? ¿Usted sentada y yo sentada? ¿Y a morir tocan? ¿Y no hay ley? ¿Y no hay gárvilos para hacerlo polvo…?
Tía: Calla, ¡no sigas!
Ama: Yo no tengo genio para aguantar estas cosas sin que el corazón me corra por todo el pecho como si fuera un perro perseguido. Cuando yo enterré a mi marido lo sentí mucho, pero tenía en el fondo una gran alegría…, alegría no…, golpetazos de ver que la enterrada no era yo. Cuando enterré a mi niña…, ¿me entiende usted?, cuando enterré a mi niña fue como si me pisotearan las entrañas, pero los muertos son muertos. Están muertos, vamos a llorar, se cierra la puerta, ¡y a vivir! Pero esto de mi Rosita es lo peor. Es querer y no encontrar el cuerpo; es

llorar y no saber por quién se llora, es suspirar por alguien que uno sabe que no se merece los suspiros. Es una herida abierta que mana sin parar un hilito de sangre, y no hay nadie, nadie en el mundo, que traiga los algodones, las vendas o el precioso terrón de nieve.

Tía: ¿Qué quieres que yo haga?

Ama: Que nos lleve el río.

Tía: A la vejez todo se nos vuelve de espaldas.

Ama: Mientras yo tenga brazos nada le faltará.

Tía: *(Pausa. Muy bajo, como con vergüenza.)* Ama, ¡ya no puedo pagar tus mensualidades! Tendrás que abandonarnos.

Ama: ¡Huuy! ¡Qué airazo entra por la ventana! ¡Huuy! ... ¿O será que me estoy volviendo sorda? Pues... ¿y las ganas que me entran de cantar? ¡Como los niños que salen del colegio! *(Se oyen voces infantiles.)* ¿Lo oye usted, señora? Mi señora, más señora que nunca. *(La abraza.)*

Tía: Oye.

Ama: Voy a guisar. Una cazuela de jureles perfumada con hinojos.

Tía: ¡Escucha!

Ama: ¡Y un monte nevado! Le voy a hacer un monte nevado con grageas de colores.

Tía: ¡Pero, mujer!

Ama: *(A voces.)* ¡Digo!... ¡Si está aquí don Martín! Don Martín, ¡adelante! ¡Vamos! Entretenga un poco a la señora.

(Sale rápida. Entra Don Martín. Es un viejo con pelo rojo. Lleva una muleta con la que sostiene una pierna encogida. Tipo noble de gran dignidad, con un aire de tristeza definitiva.)

Tía: ¡Dichosos los ojos!
Martín: ¿Cuándo es la arrancada definitiva?
Tía: Hoy.
Martín: ¡Que se le va a hacer!
Tía: La nueva casa no es esto. Pero tiene buenas vistas y un patinillo con dos higueras donde se pueden tener flores.
Martín: Más vale asi. *(Se sientan.)*
Tía: ¿Y usted?
Martín: Mi vida de siempre. Vengo de explicar mi clase de Preceptiva. Un verdadero infierno. Era una lección preciosa: "Concepto y definición de la Harmonía", pero a los niños no les interesa nada. ¡Y que niños! A mí, como me ven inútil, me respetan un poquito; alguna vez un alfiler que otro en el asiento, o un muñequito en la espalda; pero a mis compañeros les hacen cosas horribles. Son los niños de los ricos, y, como pagan, no se les puede castigar. Así nos dice siempre el director. Ayer se empeñaron en que el pobre señor Canito, profesor nuevo de Geografía, llevaba corsé; porque tiene un cuerpo algo retrepado, y cuando estaba solo en el patio, se reunieron los grandullones y los internos, lo

desnudaron de cintura para arriba, lo ataron a una de las columnas del corredor y le arrojaron desde el balcón un jarro de agua.

Tía: ¡Pobre criatura!

Martín: Todos los días entro temblando en el colegio esperando lo que van a hacerme, aunque, como digo, respetan algo mi desgracia. Hace un rato tenían un escándalo enorme, porque el señor Consuegra, que explica latín admirablemente, había encontrado un excremento de gato sobre su lista de clase.

Tía: ¡Son el enemigo!

Martín: Son los que pagan, y vivimos con ellos. Y créame usted que los padres se ríen luego de las infamias, porque como somos los pasantes y no les vamos a examinar los hijos, nos consideran como hombres sin sentimiento, como a personas situadas en el último escalón de gente que lleva todavía corbata y cuello planchado.

Tía: ¡Ay, don Martín! ¡Qué mundo éste!

Martín: ¡Qué mundo! Yo soñaba siempre ser poeta. Me dieron una flor natural y escribí un drama que nunca se pudo representar.

Tía: ¿"La hija de Jefté"?

Martín: ¡Eso es!

Tía: Rosita y yo lo hemos leído. Usted nos lo prestó. ¡Lo hemos leído cuatro o cinco veces!

Martín: *(Con ansia.)* ¿Y qué...?

Tía: Me gustó mucho. Se lo he dicho siempre. Sobre todo cuando ella va a morir y se acuerda de su madre y la llama.

Martín: Es fuerte, ¿verdad? Un drama verdadero. Un drama de contorno y de concepto. Nunca se pudo representar. *(Rompiendo a recitar.)*

¡Oh madre excelsa! Torna tu mirada
a la que en vil sopor rendida yace;
¡recibe tú las fúlgidas preseas
y el hórrido estertor de mi combate!

¿Y es que esto está mal? ¿Y es que no suena bien de acento y de censura este verso: "y el hórrido estertor de mi combate"?

Tía: ¡Precioso! ¡Precioso!

Martín: Y cuando Glucinio se va a encontrar con Isaías y levanta el tapiz de la tienda…

Ama: *(Interrumpiéndole.)* Por aquí.

(Entran dos obreros vestidos con trajes de pana.)

Obrero 1º: Buenas tardes.

Martín y Tía: *(Juntos.)* Buenas tardes.

Ama: ¡Ese es! *(Señala un diván grande que hay en el fondo de la habitación.)*

(Los hombres lo sacan lentamente como si sacaran un ataúd. El ama los sigue. Silencio. Se oyen dos campanadas mientras salen los hombres con el diván.)

Martín: ¿Es la Novena de Santa Gertrudis la Magna?

Tía: Sí, en San Antón.

Martín: ¡Es muy difícil ser poeta! *(Salen los hombres.)* Después quise ser farmacéutico. Es una vida tranquila.

Tía: Mi hermano, que en gloria esté, era farmacéutico.

Martín: Pero no pude. Tenía que ayudar a mi madre y me hice profesor. Por eso envidiaba yo tanto a su marido. Él fue lo que quiso.

Tía: ¡Y le costó la ruina!

Martín: Sí, pero es peor esto mío.

Tía: Pero usted sigue escribiendo.

Martín: No sé por qué escribo, porque no tengo ilusión, pero sin embargo, es lo único que me gusta. ¿Leyó usted mi cuento de ayer en el segundo número de "Mentalidad Granadina"?

Tía: ¿El cumpleaños de Matilde"? Sí, lo leímos; una preciosidad.

Martín: ¿Verdad que sí? Ahí he querido renovarme haciendo una cosa del ambiente actual; ¡hasta hablo de un aeroplano! Verdad es que hay que modernizarse. Claro que lo que más me gusta a mí son mis sonetos.

Tía: ¡A las nueve musas del Parnaso!

Martín: A las diez, a las diez. ¿No se acuerda usted que nombré décima musa a Rosita?

Ama: *(Entrando.)* Señora, ayúdeme usted a doblar esta sábana. *(Se ponen a doblarla entre los dos.)*

¡Don Martín con su pelito rojo! ¿Por qué no se casó, hombre de Dios? ¡No estaría tan solo en esta vida!

Martín: ¡No me han querido!

Ama: Es que ya no hay gusto. ¡Con la manera de hablar tan preciosa que tiene usted!

Tía: ¡A ver si lo vas a enamorar!

Martín: ¡Que pruebe!

Ama: Cuando él explica en la sala baja del colegio, yo voy a la carbonería para oírlo: "¿Qué es idea?" "La representación intelectual de una cosa o un objeto." ¿No es así?

Martín: ¡Mírenla! ¡Mírenla!

Ama: Ayer decía a voces: "No; ahí hay hipérbaton", y luego… "el epinicio"… A mí me gustaría entender, pero como no entiendo me dan ganas de reír, y el carbonero, que siempre está leyendo un libro que se llama "Las ruinas de Palmira", me echa unas miradas como si fueran dos gatos rabiosos. Pero aunque me ría, como ignorante, comprendo que don Martín tiene mucho mérito.

Martín: No se le da hoy mérito a la Retórica y Poética, ni a la cultura universitaria.

(Sale el ama rápida con la sábana doblada.)

Tía: ¡Qué le vamos a hacer! Ya nos queda poco tiempo en este teatro.

Martín: Y hay que emplearlo en la bondad y en el sacrificio.

(Se oyen voces.)

Tía: ¿Qué pasa?

Ama: *(Apareciendo.)* Don Martín, que vaya usted al colegio, que los niños han roto con un clavo las cañerías y están todas las clases inundadas.

Martín: Vamos allá. Soñé con el Parnaso y tengo que hacer de albañil y fontanero. Con tal de que no me empujen o resbale... *(El ama ayuda a levantarse a Don Martín.)*

(Se oyen voces.)

Ama: ¡Ya va! ¡Un poco de calma! ¡A ver si el agua sube hasta que no quede un niño vivo!

Martín: *(Saliendo.)* ¡Bendito sea Dios!

Tía: Pobre, ¡qué sino el suyo!

Ama: Mírese en ese espejo. Él mismo se plancha los cuellos y cose sus calcetines, y cuando estuvo enfermo, que le llevé las natillas, tenía una cama con unas sábanas que tiznaban como el carbón y unas paredes y un lavabillo..., ¡ay!

Tía: ¡Y otros, tanto!

Ama: Por eso siempre diré: ¡Malditos, malditos sean los ricos! ¡No quede de ellos ni las uñas de las manos!

Tía: ¡Déjalos!

Ama: Pero estoy segura que van al infierno de cabeza. ¿Dónde cree usted que estará don Rafael Salé, explotador de los pobres, que enterraron anteayer, Dios le haya perdonado, con tanto cura y tanta monja y tanto gori-gori? ¡En el infierno! Y él dirá: "¡Que tengo veinte millones de pesetas, no me apretéis con las tenazas! ¡Os doy cuarenta mil duros si me arrancáis estas brasas de los pies!"; pero los demonios, tizonazo por aquí, tizonazo por allá, puntapié que te quiero, bofetadas en la cara, hasta que la sangre se le convierta en carbonilla.

Tía: Todos los cristianos sabemos que ningún rico entra en el reino de los cielos, pero a ver si por hablar de ese modo vas a parar también al infierno de cabeza.

Ama: ¿Al infierno yo? Del primer empujón que le doy a la caldera de Pedro Botero hago llegar el agua caliente a los confines de la tierra. No, señora, no. Yo entro en el cielo a la fuerza. *(Dulce.)* Con usted. Cada una en una butaca de seda celeste que se meza ella sola, y unos abanicos de raso grana. En medio de las dos, en un columpio de jazmines y matas de romero, Rosita meciéndose, y detrás su marido cubierto de rosas, como salió en su caja de esta habitación; con la misma sonrisa, con la misma frente blanca como si fuera de cristal, y usted se mece así, y yo así, y Rosita así, y detrás el Señor tirándonos rosas como si las tres fuéramos un paso de nácar lleno de cirios y caireles.

Tía: Y los pañuelos para las lágrimas que se queden aquí abajo.

Ama: Eso, que se fastidien. Nosotras, ¡juerga celestial!

Tía: ¡Porque ya no nos queda una sola dentro del corazón!

Obrero 1º: Ustedes dirán.

Ama: Vengan. *(Entran. Desde la puerta.)* ¡Ánimo!

Tía: ¡Dios te bendiga! *(Se sienta lentamente.)*

(Aparece Rosita con un paquete de cartas en la mano. Silencio.)

Tía: ¿Se han llevado ya la cómoda?

Rosita: En este momento. Su prima Esperanza mandó un niño por un destornillador.

Tía: Estarán armando las camas para esta noche. Debimos irnos temprano y haber hecho las cosas a nuestro gusto. Mi prima habrá puesto los muebles de cualquier manera.

Rosita: Pero yo prefiero salir de aquí con la calle a oscuras. Si me fuera posible apagaría el farol. De todos modos las vecinas estarán acechando. Con la mudanza ha estado todo el día la puerta llena de chiquillos, como si en la casa hubiera un muerto.

Tía: Si yo lo hubiera sabido no hubiese consentido de ninguna manera que tu tío hubiera hipotecado la casa con muebles y todo. Lo que sacamos es lo sucinto, la silla para sentarnos y la cama para dormir.

Rosita: Para morir.

Tía: ¡Fue buena jugada la que nos hizo! ¡Mañana vienen los nuevos dueños! Me gustaría que tu tío nos viera. ¡Viejo tonto! Pusilánime para los negocios. ¡Chalado de las rosas! ¡Hombre sin idea del dinero! Me arruinaba cada día. "Ahí esta Fulano"; y él: "Que entre"; y entraba con los bolsillos vacíos y salía con ellos rebosando plata, y siempre: "Que no se entere mi mujer." ¡El manirroto! ¡El débil! Y no había calamidad que no remediase… ni niños que no amparase, porque…, porque…, tenía el corazón más grande que hombre tuvo…, el alma cristiana más pura…; no, no, ¡cállate, vieja! ¡Cállate, habladora, y respeta la voluntad de Dios! ¡Arruinadas! Muy bien, y ¡silencio!; pero te veo a ti…

Rosita: No se preocupe de mí, tía. Yo se que la hipoteca la hizo para pagar mis muebles y mi ajuar, y esto es lo que me duele.

Tía: Hizo bien. Tú lo merecías todo. Y todo lo que se compró es digno de ti y será hermoso el día que lo uses.

Rosita: ¿El día que lo use?

Tía: ¡Claro! El día de tu boda.

Rosita: No me haga usted hablar.

Tía: Ese es el defecto de las mujeres decentes de estas tierras. ¡No hablar! No hablamos y tenemos que hablar. *(A voces.)* ¡Ama! ¿Ha llegado el correo?

Rosita: ¿Qué se propone usted?

Tía: Que me veas vivir, para que aprendas.

Rosita: *(Abrazándola.)* Calle.

Tía: Alguna vez tengo que hablar alto. Sal de tus cuatro paredes, hija mía. No te hagas a la desgracia.

Rosita: *(Arrodillada delante de ella.)* Me he acostumbrado a vivir muchos años fuera de mí, pensando en cosas que estaban muy lejos, y ahora que estas cosas ya no existen sigo dando vueltas y más vueltas por un sitio frío, buscando una salida que no he de encontrar nunca. Yo lo sabía todo. Sabía que se había casado; ya se encargó un alma caritativa de decírmelo, y he estado recibiendo sus cartas con una ilusión llena de sollozos que aun a mí misma me asombraba. Si la gente no hubiera hablado; si vosotras no lo hubierais sabido; si no lo hubiera sabido nadie más que yo, sus cartas y su mentira hubieran alimentado mi ilusión como el primer año de su ausencia. Pero lo sabían todos y yo me encontraba señalada por un dedo que hacía ridícula mi modestia de prometida y daba un aire grotesco a mi abanico de soltera. Cada año que pasaba era como una prenda íntima que arrancaran de mi cuerpo. Y hoy se casa una amiga y otra y otra, y mañana tiene un hijo y crece, y viene a enseñarme sus notas de examen, y hacen casas nuevas y canciones nuevas, y yo igual, con el mismo temblor, igual; yo, lo mismo que antes, cortando el mismo clavel, viendo las mismas nubes; y un día bajo al paseo y me doy cuenta de que no conozco a nadie; muchachas y muchachos me dejan atrás porque me canso, y uno dice: "Ahí está la solterona"; y otro, hermoso, con la cabeza rizada, que comenta: "A esa ya no hay quien le clave el diente." Y yo lo oigo y no puedo gritar, sino vamos adelante, con la boca llena de veneno y con unas ganas enormes de huir, de quitarme los zapatos, de descansar y no moverme más, nunca, de mi rincón.

Tía: ¡Hija! ¡Rosita!

Rosita: Ya soy vieja. Ayer le oí decir al ama que todavía podía yo casarme. De ningún modo. No lo pienses. Ya perdí la esperanza de hacerlo con quien quise con toda mi sangre, con quien quise y… con quien quiero. Todo está acabado… y, sin embargo, con toda la ilusión perdida, me acuesto, y me levanto con el más terrible de los sentimientos, que es el sentimiento de tener la esperanza muerta. Quiero huir, quiero no ver, quiero quedarme serena, vacía…, ¿es que no tiene derecho una pobre mujer a respirar con libertad? Y sin embargo la esperanza me persigue, me ronda, me muerde; como un lobo moribundo que apretase sus dientes por última vez.

Tía: ¿Por qué no me hiciste caso? ¿Por qué no te casaste con otro?

Rosita: Estaba atada, y además, ¿qué hombre vino a esta casa sincero y desbordante para procurarse mi cariño? Ninguno.

Tía: Tú no les hacías ningún caso. Tú estabas encelada por un palomo ladrón.

Rosita: Yo he sido siempre seria.

Tía: Te has aferrado a tu idea sin ver la realidad y sin tener caridad de tu porvenir.

Rosita: Soy como soy. Y no me puedo cambiar. Ahora lo único que me queda es mi dignidad. Lo que tengo por dentro lo guardo para mi sola.

Tía: Eso es lo que yo no quiero.

Ama: *(Saliendo de pronto.)* ¡Ni yo tampoco! Tú hablas, te desahogas, nos hartamos de llorar las tres y nos repartimos el sentimiento.

Rosita: ¿Y qué os voy a decir? Hay cosas que no se pueden decir porque no hay palabras para decirlas; y si las hubiera, nadie entendería su significado. Me entendéis si pido pan y agua y hasta un beso, pero nunca me podríais ni entender ni quitar esta mano oscura que no sé si me hiela o me abrasa el corazón cada vez que me quedo sola.

Ama: Ya está diciendo algo.

Tía: Para todo hay consuelo.

Rosita: Sería el cuento de nunca acabar. Yo sé que los ojos los tendré siempre jóvenes, y sé que la espalda se me irá curvando cada día. Después de todo, lo que me ha pasado le ha pasado a mil mujeres. *(Pausa.)* Pero ¿por qué estoy yo hablando todo esto? *(Al ama.)* Tú, vete a arreglar cosas, que dentro de unos momentos salimos de este carmen; y usted, tía, no se preocupe de mí. *(Pausa. Al ama.)* ¡Vamos! No me agrada que me miréis así. Me molestan esas miradas de perros fieles. *(Se va el ama.)* Esas miradas de lástima que me perturban y me indignan.

Tía: Hija, ¿qué quieres que yo haga?

Rosita: Dejarme como cosa perdida. *(Pausa. Se pasea.)* Ya sé que se está usted acordando de su hermana la solterona…, solterona como yo. Era agria y odiaba a los niños y a toda la que se ponía un traje nuevo…, pero yo no seré así. *(Pausa.)* Le pido perdón.

Tía: ¡Qué tontería!

(Aparece por el fondo de la habitación un muchacho de dieciocho años.)

Rosita: Adelante.

Muchacho: Pero ¿se mudan ustedes?

Rosita: Dentro de unos minutos. Al oscurecer.

Tía: ¿Quién es?

Rosita: Es el hijo de María.

Tía: ¿Qué María?
Rosita: La mayor de las tres Manolas.
Tía: ¡Ah!

Las que suben a la Alhambra
las tres y las cuatro solas.

Perdona, hijo, mi mala memoria.
Muchacho: Me ha visto usted muy pocas veces.
Tía: Claro, pero yo quería mucho a tu madre. ¡Qué graciosa era! Murió por la misma época que mi marido.
Rosita: Antes.
Muchacho: Hace ocho años.
Rosita: Y tiene la misma cara.
Muchacho: *(Alegre.)* Un poquito peor. Yo la tengo hecha a martillazos.
Tía: Y las mismas salidas; ¡el mismo genio!
Muchacho: Pero claro que me parezco. En carnaval me puse un vestido de mi madre…, un vestido del año de la nana, verde…
Rosita: *(Melancólica.)* Con lazos negros…, y bullones de seda verde nilo.
Muchacho:Sí.
Rosita: Y un gran lazo de terciopelo en la cintura.
Muchacho: El mismo.
Rosita: Que cae a un lado y otro del polisón.
Muchacho: ¡Exacto! ¡Qué disparate de moda! *(Se sonríe.)*

Rosita: *(Triste.)* ¡Era una moda bonita!

Muchacho: ¡No me diga usted! Pues bajaba yo muerto de risa con el vejestorio puesto, llenando todo el pasillo de la casa de olor de alcanfor, y de pronto mi tía se puso a llorar amargamente porque decía que era exactamente igual que ver a mi madre. Yo me impresioné, como es natural, y dejé el traje y el antifaz sobre mi cama.

Rosita: Como que no hay cosa más viva que un recuerdo. Llegan a hacernos la vida imposible. Por eso yo comprendo muy bien a esas viejecillas borrachas que van por las calles queriendo borrar el mundo, y se sientan a cantar en los bancos del paseo.

Tía: ¿Y tu tía la casada?

Muchacho: Escribe desde Barcelona. Cada vez menos.

Rosita: ¿Tiene hijos?

Muchacho: Cuatro. *(Pausa.)*

Ama: *(Entrando.)* Déme usted las llaves del armario. *(La tía se las da. Por el muchacho.)* Aquí, el joven, iba ayer con su novia. Los vi por la Plaza Nueva. Ella quería ir por un lado y él no la dejaba. *(Ríe.)*

Tía: ¡Vamos con el niño!

Muchacho: *(Azorado.)* Estábamos de broma.

Ama: ¡No te pongas colorado! *(Saliendo.)*

Rosita: ¡Vamos, calla!

Muchacho: ¡Qué jardín más precioso tienen ustedes!

Rosita: ¡Teníamos!
Tía: Ven y corta unas flores.
Muchacho: Usted lo pase bien, doña Rosita.
Rosita: ¡Anda con Dios, hijo! *(Salen. La tarde está cayendo.)* ¡Doña Rosita! ¡Doña Rosita!

Cuando se abre en la mañana
roja como sangre está.
La tarde la pone blanca
con blanco de espuma y sal.
Y cuando llega la noche
se comienza a deshojar.

(Pausa.)

Ama: *(Sale con un chal.)* ¡En marcha!
Rosita: Sí, voy a echarme un abrigo.
Ama: Como he descolgado la percha, lo tienes enganchado en el tirador de la ventana.

(Entra la soltera 3ª, vestida de oscuro, con un velo de luto en la cabeza y la pena, que se llevaba en el año doce. Hablan bajo.)

Soltera 3ª: ¡Ama!
Ama: Por unos minutos no nos encuentra aquí.
Soltera 3ª: Yo vengo a dar una lección de piano que tengo aquí cerca y me llegué por si necesitaban ustedes algo.

Ama: ¡Dios se lo pague!

Soltera 3ª: ¡Qué cosa más grande!

Ama: Sí, sí; pero no me toque usted el corazón, no me levante la gasa de la pena, porque yo soy la que tiene que dar ánimos en este duelo sin muerto que está usted presenciando.

Soltera 3ª: Yo quisiera saludarlas.

Ama: Pero es mejor que no las vea. ¡Vaya por la otra casa!

Soltera 3ª: Es mejor. Pero si hace falta algo, ya sabe que en lo que pueda, aquí estoy yo.

Ama: ¡Ya pasará la mala hora!

(Se oye el viento.)

Soltera 3ª: ¡Se ha levantado un aire!…

Ama: Sí. Parece que va a llover.

(La soltera 3ª se va.)

Tía: *(Entra.)* Como siga este viento no va a quedar una rosa viva. Los cipreses de la glorieta casi tocan las paredes de mi cuarto. Parece como si alguien quisiera poner el jardín feo para que no tuviésemos pena de dejarlo.

Ama: Como precioso, precioso, no ha sido nunca. ¿Se ha puesto su abrigo? Y esta nube… Así, bien tapada. *(Se lo pone.)* Ahora, cuando lleguemos, tengo la comida hecha. De postre, flan. A usted le gusta. Un flan dorado como una clavellina. *(El ama habla con la voz velada por una profunda emoción.) (Se oye un golpe.)*

Tía: Es la puerta del invernadero. ¿Por qué no la cierras?

Ama: No se puede cerrar por la humedad.

Tía: Estará toda la noche golpeando.

Ama: ¡Como no la oiremos…!

(La escena está en una dulce penumbra de atardecer.)

Tía: Yo, sí. Yo sí la oiré.

(Aparece Rosita. Viene pálida, vestida de blanco, con un abrigo hasta el filo del vestido.)

Ama: *(Valiente.)* ¡Vamos!

Rosita: *(Con voz débil.)* Ha empezado a llover. Así no habrá nadie en los balcones para vernos salir.

Tía: Es preferible.

Rosita: *(Vacila un poco, se apoya en una silla y cae sostenida por el ama y la tía, que impiden su total desmayo.)*

«Y cuando llega la noche
se comienza a deshojar.»

(Salen, y a su mutis queda la escena sola. Se oye gol-

pear la puerta. De pronto se abre un balcón del fondo y las blancas cortinas oscilan con el viento.)

Telón final

Índice

•FONTANA•

1. **LA DIVINA COMEDIA,** Dante
2. **EL ARTE DE LA GUERRA,** Sun Tzu
3. **LA ILÍADA,** Homero
4. **LA ODISEA,** Homero
5. **LA ENEIDA,** Virgilio
6. **EL RETRATO DE DORIAN GRAY,** Oscar Wilde
7. **LA METAMORFOSIS,** Franz Kafka
8. **FRANKENSTEIN,** Mary Shelley
9. **NECRONOMICÓN, LOS MEJORES RELATOS,** H. P. Lovecraft
10. **ALICIA EN EL PAÍS DE LAS MARAVILLAS,** L. Carroll
11. **A TRAVÉS DEL ESPEJO,** Lewis Carroll
12. **LA VUELTA AL MUNDO EN OCHENTA DÍAS,** J. Verne
13. **DRÁCULA,** Bram Stoker
14. **CUENTOS DE LA SELVA,** Horacio Quiroga
15. **EL FANTASMA DE LA ÓPERA,** Gaston Leroux
16. **LA BELLA Y LA BESTIA,** Velleneuve y Beaumont
17. **DE LA TIERRA A LA LUNA,** Julio Verne
18. **EL PROCESO,** Frank Kafka
19. **CUENTOS DE AMOR DE LOCURA Y DE MUERTE,** H. Quiroga
20. **ROMEO Y JULIETA,** William Shakespeare
21. **ASÍ HABLABA ZARATUSTRA,** Friedrich Nietzsche
22. **MANIFIESTO COMUNISTA,** K. Marx y F. Engels
23. **EL PRÍNCIPE,** Nicolás Maquiavelo
24. **EL KYBALIÓN,** Tres Iniciados
25. **MÁS ALLÁ DEL BIEN Y DEL MAL,** Friedrich Nietzsche
26. **EL ANTICRISTO,** Friedrich Nietzsche
27. **APOLOGÍA DE SÓCRATES,** Platón
28. **DIÁLOGOS,** Platón
29. **METAFÍSICA,** Aristóteles
30. **RETÓRICA,** Aristóteles
31. **ÉTICA A NICÓMACO,** Aristóteles
32. **ELOGIO DE LA LOCURA,** Erasmo de Rotterdam
33. **AURORA,** Friedrich Nietzsche
34. **AZUL...,** Rubén Darío
35. **SELECCIÓN POÉTICA,** Federico García Lorca
36. **SENTIDO Y SENSIBILIDAD,** Jane Austen
37. **EL FANTASMA DE CANTERVILLE Y OTROS RELATOS,** O. Wilde
38. **EL PRÍNCIPE FELIZ Y OTROS CUENTOS,** Oscar Wilde
39. **CORAZÓN: DIARIO DE UN NIÑO,** Edmondo de Amicis
40. **ALREDEDOR DE LA LUNA,** Julio Verne

41. **LA MURALLA CHINA,** Franz Kafka
42. **AMÉRICA,** Franz Kafka
43. **EL PERRO DE LOS BASKERVILLE,** Arthur Conan Doyle
44. **EL DOCTOR JEKYLL Y MISTER HYDE,** Robert Louis Stevenson
45. **YERMA · DOÑA ROSITA LA SOLTERA,** Federico García Lorca
46. **SELECCIÓN DE CUENTOS,** Hermanos Grimm
47. **SELECCIÓN DE CUENTOS,** Christian Andersen
48. **EL MARAVILLOSO MAGO DE OZ,** Lyman Frank Baum
49. **EL CREPÚSCULO DE LOS ÍDOLOS,** Friedrich Nietzsche
50. **LA REPÚBLICA,** Platón
51. **EL CUERVO Y OTROS POEMAS,** Edgar Allan Poe
52. **LA MÁSCARA DE LA MUERTE ROJA Y OTROS RELATOS,** E. A. Poe
53. **EL CONTRATO SOCIAL,** Rousseau
54. **TRES ENSAYOS SOBRE LA TEORÍA SEXUAL,** Sigmund Freud
55. **PRINCIPIOS ELEMENTALES DE LA FILOSOFÍA,** Georges Politzer
56. **POPOL VUH & CHILAM BALAM**
57. **CANCIÓN DE NAVIDAD,** Charles Dickens
58. **EL INVITADO DE DRÁCULA Y OTRAS HISTORIAS DE TERROR,** Bram Stoker
59. **SALOMÉ & UNA MUJER SIN IMPORTANCIA,** Oscar Wilde
60. **INVESTIGACIÓN SOBRE LA NATURALEZA Y CAUSAS DE LA RIQUEZA DE LAS NACIONES,** Adam Smith
61. **EL ESCARABAJO DE ORO Y OTROS RELATOS,** Edgar Allan Poe
62. **HOJAS DE HIERBA,** Walt Whitman
63. **TAO TE KING,** Lao Tse
64. **MARTÍN FIERRO,** José Hernández
65. **MARÍA,** Jorge Isaacs
66. **EL ARTE DE AMAR · EL REMEDIO DEL AMOR,** Ovidio
67. **EL PROFETA · EL JARDÍN DEL PROFETA,** Khalil Gibrán
68. **DESOBEDIENCIA CIVIL Y OTROS TEXTOS,** Henry David Thoreau
69. **EL VALLE DEL TERROR,** Arthur Conan Doyle
70. **LA TEOGONÍA,** Hesíodo
71. **LA CASA DE BERNARDA ALBA · LA ZAPATERA PRODIGIOSA,** Federico García Lorca
72. **LAS FLORES DEL MAL,** Charles Baudelaire
73. **EL TERROR EN LA LITERATURA,** H. P. Lovecraft
74. **EL MUNDO COMO YO LO VEO,** Albert Einstein
75. **LOS MITOS DE CTHULHU,** H. P. Lovecraft
76. **UTOPÍA,** Tomás Moro
77. **EL GATO NEGRO Y OTROS RELATOS,** Edgar Allan Poe
78. **EN LAS MONTAÑAS DE LA LOCURA,** H. P. Lovecraft
79. **CUMBRES BORRASCOSAS,** Emily Brontë